北朝鮮・金正恩《キムジョンウン》はなぜ「水爆実験」をしたのか

大川隆法 Ryuho Okawa

まえがき

北朝鮮が四回目の核実験として水爆実験に成功したと発表したのは、昨日の正午過ぎであった。世界のマスコミはもちろんのこと、諸国民を驚かせたことは間違いない。日本でも正月ボケが吹っ飛んだ人が多かったことだろう。日本の国会では、民主党らが安保法制を撤回《てっかい》せよ、と強く迫っている中、これをあざ笑うかのような核実験の強行《きょうこう》である。

今年は、幸福実現党も立党七周年を迎えるが、北朝鮮の危険性にはいち早く警鐘《けいしょう》を鳴らしてきたつもりである。早くこの国が真実の世界に目覚めることを祈るばかりである。

二〇一六年　一月七日

幸福《こうふく》の科学《かがく》グループ創始者兼総裁《そうししゃけんそうさい》

幸福実現党総裁《こうふくじつげんとうそうさい》

大川隆法《おおかわりゅうほう》

北朝鮮・金正恩はなぜ「水爆実験」をしたのか　目次

北朝鮮・金正恩《キムジョンウン》はなぜ「水爆実験」をしたのか

――緊急守護霊インタビュー――

二〇一六年一月七日　収録
東京都・幸福の科学 教祖殿 大悟館にて

「霊言現象《れいげん》」とは、あの世の霊存在の言葉を語り下ろす現象のことをいう。これは高度な悟《さと》りを開いた者に特有のものであり、「霊媒現象《れいばい》」（トランス状態になって意識を失い、霊が一方的にしゃべる現象）とは異なる。外国人霊の霊言の場合には、霊言現象を行う者の言語中枢《ちゅうすう》から、必要な言葉を選び出し、日本語で語ることも可能である。

また、人間の魂《たましい》は原則として六人のグループからなり、あの世に残っている「魂の兄弟」の一人が守護霊《しゅごれい》を務めている。つまり、守護霊は、実は自分自身の魂の一部である。したがって、「守護霊の霊言」とは、いわば本人の潜在《せんざい》意識にアクセスしたものであり、その内容は、その人が潜在意識で考えていること（本心）と考えてよい。

なお、「霊言」は、あくまでも霊人の意見であり、幸福の科学グループとしての見解と矛盾《むじゅん》する内容を含《ふく》む場合がある点、付記しておきたい。

北朝鮮・金正恩《キムジョンウン》はなぜ「水爆実験」をしたのか

——緊急守護霊インタビュー——

二〇一六年一月七日　収録

東京都・幸福の科学 教祖殿 大悟館にて

金正恩《キムジョンウン》（一九八三？〜）

北朝鮮の第三代最高指導者。金正日《キムジョンイル》前総書記の三男で、二〇一一年十二月の同氏の死去後、最高指導者の地位を世襲。現在、朝鮮労働党第一書記、朝鮮民主主義人民共和国国防委員会第一委員長、朝鮮人民軍最高司令官等を務める。

質問者　※質問順

里村英一（幸福の科学専務理事〔広報・マーケティング企画担当〕兼ＨＳＵ講師）

綾織次郎（幸福の科学常務理事兼「ザ・リバティ」編集長兼ＨＳＵ講師）

立木秀学（幸福の科学理事兼ＨＳ政経塾塾長兼ＨＳＵ講師）

［役職は収録時点のもの］

1 「水爆実験成功」の翌日、金正恩《キムジョンウン》守護霊を呼ぶ

「安保法制反対」のなかで、突如行われた「水爆実験」

大川隆法　急ではございますけれども、昨日（二〇一六年一月六日）のお昼、十二時半ごろのニュースで、「北朝鮮のほうから正式に、『重大発表』として、『水爆実験に成功した』という発表があった」という報道がなされました。また、号外等もかなり配られていました。そのような報道が、昨日の夕刊や夜のテレビでもなされましたし、今朝もなされていたようです。

なお、調査をさせてくれるわけはないので（笑）、真偽のほどは分かりません。ただ、いちおう発表した以上、

平成28年1月6日(水)　産経新聞　号外
北「水爆実験」
「初の成功」と発表
"북한 수소탄 실험 완전 성공"

北朝鮮の核実験が行われたことを速報する号外が各主要紙で発行された（上：産経新聞2016年1月6日付号外）。

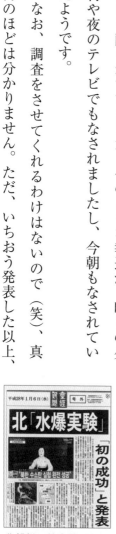

何らかの進展があったのであろうとは推定します。

ちなみに、日本の左翼系のマスコミは、なるべく、「水爆ではなく、原爆ではないのか」というような感じの否定的なニュアンスで、伝えようとしてはいるようですが、事の本質はそう大きくは変わらないでしょう。「水爆」を、「原爆だったのではないか」としたところで、本質は大して変わらないと思います。

おそらく、左翼系のほうは、「安保法制反対」をやりたい矢先だったので、「水爆ということであれば衝撃が大きくて困る」というようなことがあったのかもしれません。

また、日本でも、昨日、国会が始まったわけですが、民主党のほうから「安保法制を撤回せよ」ということを、やる気満々でぶつけてきたところに、この水爆実験の報道がなされたので、本当に立場がなかったと思うのです。党代表に迫力があって、迫れば迫るほど、何か拍子《ひょうし》抜けしたような感じでした。

むしろ、憲法学者をはじめとして、安保法制に反対しているなかで、当会は「安保法制賛成」の論陣を張り、かなり押されながらも、「賛成」のほうで国論を押し切ったのですが、この結果を見れば、「それしかなかったかな」というように思っています。

奇《く》しくも二日前に、アメリカの次期大統領候補の有力者である、共和党のドナルド・トランプ氏の霊言を録《と》りました（二〇一六年一月五日、英語説法「ドナルド・トランプの守護霊霊言」を収録した）。

そのなかで、トランプ氏は、日本人と、それから沖縄の人たちに対して、「『アメリカ軍は出ていけ！』というようなことを言うんだったら、自前で核武装して、自分の国を守れるようにしろ。そうしてから言え。それができないのに言うな」というようなことを述べていました。「シャラップ、ジャパン。シャラップ、沖縄」というようなことを言っていた気がします。

要するに、「核兵器がある国に囲まれてるんだろう？　米軍の協力なくして国を守れないんだろう？　それが分かっていて『出ていけ！』と言うのは、単なる甘えにすぎないんじゃないか」というようなことを、彼は言いたかったのでしょう。ただ、言い方がきつかったので、恐怖を感じた方もいたようではあります。

金正恩《キムジョンウン》の「本心」を守護霊インタビューする

大川隆法　さあ、なぜ、このタイミングで、金正恩《キムジョンウン》氏が、こういう実験をしたのでしょうか。

北朝鮮としては、これで四回目の核実験になるそうですし、彼になってからは、二回目だそうです。そして、過去三回は「原爆」と言われていて、今回は「水爆」と発表されてはいます。

なお、実験の規模は、地震波その他から見れば、前回とそう変わらないようではあるので、声高《こわだか》に「成功した」と言うこともポイントなのかもしれません。水爆実験をするにしても、まずは大きなエネルギーが必要で、小さな原爆を爆破して、そのエネルギーでもって水爆実験を起こすことになるらしいからです。ただ、もしそ

●水爆（水素爆弾）　核融合反応の際に放出されるエネルギーを利用した爆弾。核兵器の一種。水素の核融合を起こすには、1億度以上の高温が必要になるため、起爆装置として原爆を利用する。水爆の威力は原爆の数百倍から千倍とも言われている。

うであれば、「原爆の小型化」に成功している可能性が極めて高いとは思われます。

いずれにしても、いちおう表向きの発表ではありますが、中国も、「聞いていなかった」というような言い方をしていますし、韓国も「まったく警戒していなかった」と言っています。また、アメリカが知っていたのかどうかは分からない状況ではあります。

また、一つ引っ掛かっていることとしては、昨年十二月末の出来事です。アメリカがだいぶ示唆したらしいのですが、韓国の従軍慰安婦問題において、日本が突如、「十億円を出して決着をつける」というような話を出して、「日韓が歩み寄る」といった演出がなされました。「今回の実験の予兆がどこかで出ており、日米韓の緊密な関係をつくろうとしていたのかどう

2016年1月6日午前10時（日本時間同10時半）ごろ、北朝鮮北東部の咸鏡北道《ハムギョンブクト》・豊渓里《プンゲリ》の核実験場にて、水爆実験が行われたとみられている。過去、2006年、2009年、2013年に行われた核実験（原爆実験）も同施設で行われたと推定される。

か」については、読み筋がいろいろとあるということかと思います。

いずれにしても、北朝鮮以外の外国から見れば、「金正恩は全体主義国家のなかの独裁者」ということでは、みな、ほぼ異論がないだろうと思いますが、北朝鮮の方々にとっては、本心はどうかは知らないけれども、いちおう〝英雄〟ということになるのだろうと思います。

昨日の平壌《ピョンヤン》放送などを聴いていても、「米帝、アメリカの核攻撃に耐えるために、われわれは水爆実験まで成功して、これでアメリカに反撃できることになったので、安全性が増し、正義が守られるようになった」というようなことを言っていましたが、本当に困った話です。

里村 （笑）

大川隆法 「正義とは難しいものだ」と、私もつくづく思っています。『正義の法』

（幸福の科学出版刊）の話も近づいていますが（注。本収録の二日後の一月九日、パシフィコ横浜で全国同時中継の大講演会「『正義の法』講義」を予定）、向こうも〝正義〟でやっているそうですので、お互い様と言えばそれまでなのですが、『正義の法』の中身を詰める意味でも、やはり、一回、本人に訊いてみたほうがよいのではないかと思いました。

里村　はい。

大川隆法　今日は、そういう趣旨で、緊急ではあるけれども、報道されていることだけの問題なのか、何かそれ以外のものがあるのか。彼の本心、意図しているものがあるのか。そのへんを当会内マスコミの取材を受けて、明らかにできればと思い

『正義の法』
（幸福の科学出版刊）

ます。

なお、霊言のなかでも、「守護霊インタビュー」の特徴として、やはり、本人あるいは表面意識では、単純に隠そうとしたり調整したり嘘をついたりできるようなところ、本心や本音がかなりはっきりと出てきます。極端に出すぎるといえば出すぎるのですが、普通、政治家等ではいろいろと嘘をついたり表面をごまかしたりするので、本人の表面意識としては、「そんなことを言った覚えはない」と言うこともあるのですが、他人が見れば、「まあ、そう思っているだろうなあ」と思うようなことを言います。

そういう意味で、嘘は非常につきにくいだろうと思いますので、「本心を知る」ということは、どこの機関よりも早く、北朝鮮の中枢に情報アクセスしたということになるでしょう。おそらくは、アメリカＣＩＡも参考になされるのではないかと考えています。

まあ、長くなりますので、もう呼びますね。

里村　はい。

大川隆法　あとの内容は質問で訊きたいと思いますので、お願いいたします。それでは、今回で四回目の収録になるかと思いますが、北朝鮮の三代目最高指導者である金正恩氏の守護霊をお呼びしまして、昨日の「水爆実験」の本心や、今後の国家戦略、あるいは諸外国に対する考え等について伺ってみたいと思います。

北朝鮮最高指導者、金正恩氏の守護霊よ。金正恩氏の守護霊よ。

どうぞ、幸福の科学 教祖殿 大悟館に降りたまいて、その本心を語りたまえ。

北朝鮮三代目の最高指導者・金正恩氏よ。どうぞ、その本心を幸福の科学 教祖殿にて語りたまえ。お願いします。

（約十秒間の沈黙）

2 「ワシントンを木《こ》っ端微塵《ぱみじん》にしてやる」

「国を挙げてのお祝いだ」と自画自賛する金正恩守護霊

里村　金正恩第一書記の守護霊様でいらっしゃいますでしょうか。

金正恩守護霊　うん。

里村　第一書記の守護霊様におかれましては、今回で四回目のご降臨をいただきます。特に、二〇一三年四月以来ということでございます。

金正恩守護霊　うん。うん。

里村　まず、今回、昨日の「水爆実験成功」という第一報で、世界が大騒ぎになっていますけれども、今現在、どのような感想、考えを持たれていらっしゃいますでしょうか。

金正恩守護霊　いやあ、（手を一回叩く）国を挙げてのお祝いだなあ。まあ、正月早々めでたいことであったかなと。

里村　はい。

金正恩守護霊　水爆を持ってるのは、今、国連の常任理事国と言われてる米帝、ロシア、中国、イギリス、フランスと、まあ、過去、悪いことばっかりしてきた国々しか持っとらんからね。

里村　うん。

金正恩守護霊　そこに「第六の大国」として、北朝鮮が浮上してきたわけだから、これでアジアの安全と安定、正義は樹立されるものと確信しておるな、うん。

里村　アジアの安定、世界平和に貢献しているという感じなのですか。

金正恩守護霊　いや、もうこれで、君たちのなあ、アメリカから受けた屈辱も晴らせるというものではないか。わしが、ワシントンを粉々にしてやるから。これで君たちは、もう「日米同盟は不要」となったわけだ。北朝鮮に食糧援助さえすれば、ワシントンは木《こ》っ端《ぱ》微塵《みじん》になるわ。あんなワールドトレードセンターみたいな、ちっちゃい爆破じゃない。ワシントンも丸ごと蒸発だ。ハハハハ。

里村　確かに、昨日の発表以来、平壌《ピョンヤン》で行われているインタビューが、今、テレビ等でも流れていますけれども、北朝鮮の国民のみなさんも、「これで米帝に対抗できる」と……。

金正恩守護霊　うん。もう終わりさ。アメリカは終わった。韓国は奴隷だ。

里村　韓国が？

金正恩守護霊　うーん、うん。もう全部ねえ、北朝鮮の奴隷として、経済奴隷で使ってやる。働きバチみたいなもんかなあ。日本やアメリカから吸い上げた、韓国の甘い蜜を、全部、北朝鮮に運ばせてやる。

里村　韓国も慌てて安全保障会議を開くなどしたようですが……。

金正恩守護霊　やったって無駄。無駄だよ。やつらの会議は、ただの時間の無駄だ。

里村　一方、中国、アメリカ、ロシア等からは、続々と、この実験を非難する声明が出ていますが、このへんはいかがですか。

金正恩守護霊　いや、口だけの政治でね。おまえら、それが最高だと思っとるんかもしらんが、バカが何人集まってもバカなんだよ。

里村　（苦笑）

金正恩守護霊　バカが十人会議したって、二十人会議したって、百人会議したって、五百人会議したって、バカはバカなんだよ。賢人一人に勝てないさ。北朝鮮は〝賢人政治〟をやっとるからなあ。わし一人で考えたことに、何百人かかったって勝てやしないんだよ。

里村　おお……。賢人政治でございますか。

金正恩守護霊　ああ、そういうことだ。〝哲人政治〟と言ってもいい。独裁じゃない。哲人政治なんだ。理想の国家政治が、今なされてるんだよな。

里村　なるほど。

「核の小型化に成功した」と豪語する金正恩守護霊

綾織　ワシントンを木っ端微塵《こっぱみじん》にするということですが……。

金正恩守護霊　簡単なことだ。

綾織　これは、もう「核の小型化」に……。

金正恩守護霊　うーん。成功したんだ。

綾織　成功した？

金正恩守護霊　成功。もうこれで分かったじゃないか。水爆実験ができるということは、原爆の小型化に成功した。おまえらは「それはできんだろう」と、ずっと言い続けとったからさ。西洋あたりや日本の国もな。「それはできんだろう。原爆実験をやっても、小型化は難しいからできん、できん」とか言って……。

残念でしたなあ、北朝鮮に先を越されて、お気の毒さまでしたなあ。小型化に成功したということだけは確実だから。これだったら、ミサイルに積めるっていうことだなあ。ロケットと称して発射実験をだいぶやっとるからなあ。先頭に、小型化した原爆でも何でも積めやさ、これはもう、ロケットが飛ばせるなら、アメリカだって、イギリスだって、フランスだってさあ、ロシアだって……、まあ、日本や韓国なんか言うまでもないことだけども、みんな射程距離に入ったな。

綾織　「テポドン2」というミサイルを開発していて、これがワシントンに届くかどうかというところだと思うのですけれども、それも「できる」ということですか。

金正恩守護霊　届こうが届くまいが、何発か撃てば、どこかには落ちるだろうから

さ。パニックになるだろうよ。どこでもいいんだ。そら、ワシントン狙ったやつが

カリフォルニアに落ちようがさあ。

綾織　なるほど。

金正恩守護霊　やつらのパニックはどうせ一緒だから、そんなの、どこでもいいん

だけどさあ。やっぱり、一発撃ち込んだら、もう黙るがな。

迎撃ミサイルで撃っても、「上空で爆発したら何十万人も死ぬ」

里村　つまり、今回の「水爆実験成功」の発表でもって、言葉はちょっと悪いです

けれども、「今までより、はるかに脅しが効く」ということになって……。

金正恩守護霊　うん、「脅し」っていうのか知らんけども、有効性の高い防衛ができるようになったわけだな。

だから、アメリカが第七艦隊を送ってきて脅したって、一発撃ち込んだらねえ、そんなものは……。まあ、向こうの迎撃ミサイルなんか、当たるかどうか知らんけどさ。五十パーセントしか当たらないんだろうけど、もしだねえ、アメリカ上空でミサイルを撃てたとしたってさあ、「上空で核爆発が起きたらどうなるか」って、そんなの広島が証明してるじゃない。長崎も証明したじゃない。ね？　上空で爆発したってね。そんな迎撃ミサイルなんて、どうせ射程は二キロかそのくらいしかねえんだからさ、上空で爆発したら、下は何十万も死ぬんだよ。そしたら、もう、たいへんな数になるかもしらんなあ。

面白いなあ。核実験、次は実戦で使ってみたいなあ。

里村　特に、そのほかの核保有国と違って、北朝鮮の金正恩第一書記が持たれたとなると、やはり、ほかの国よりは、「本当に使うかもしれない」という危険性が、格段と……。

金正恩守護霊　いや、あのねえ、「危険性」じゃなくてなあ、やっぱり、これはリーダーシップの問題だな。オバマなんていうのは、何百発持ってたって、使えないもんは使えないんだからさ。わしなんか、一発でも、使えるものは使えるからさ。そりゃあ、違いがあるわな。「本気で撃つ」っていうのは、これは怖かろうよ。

3 「日本人一億皆殺しだ」

「皆殺しされる前に金を送れ」が本心か

里村　先ほど、第一書記の口から、「防衛のカードが厚くなった、強くなった」という趣旨のお答えがありました。つまり、これをカードにして、実は、対話を進めたいというご意図がおありなのでしょうか。

金正恩守護霊　いや、それは立場を変えて考えなきゃいかんなあ。あなた、北朝鮮の人民の立場に立ってみろよ。まあ、五大国かなんか知らんが、ほんとに言いたい放題やなあ。「制裁、制裁」と言って、何を……、ねえ？「第一等の我が国に対して、制裁ができると思ってるのか」っていうねえ。

安倍ごときもなあ、ほんと偉そうに、「北朝鮮に制裁する」とか言って。制裁できるのはこっちのほうなんであって、日本に制裁ができると思うとるのかと。だから、もっと簡単に言やあ、まあ、アメリカには、多少、武力があるから、直接、狙うのは〝あれ〟にしても、アメリカが攻撃の態勢を取ったら、「日本に撃ち込むぞ！」と言ったほうが、効果はもっと大きいかもしらんな。

日本人のほうがパニックする。ねえ？　飛んでくる可能性も高いでしょ、日本だったらね。すぐ、十分で来るわなあ。そんなの撃ち落とせるわけないじゃんなあ。撃ち落としたところで、あんた、（上空）六百メートルかなんかのところで爆発したって、十万人、死ぬんだからさ、原爆でね。

里村　そうです。

金正恩守護霊　もし水爆だったらどうなるかって、そらあ面白いわなあ。もし、千倍の威力があったらどうする。三千倍だったらどうする。なあ？　十万人の千倍は、なんぼだ？

里村　十万人の千倍は一億人です。

金正恩守護霊　ああ。じゃあ、皆殺しじゃん。アッハッハッハッハッハッハッ。君ら、制裁できるならやってみろよ。ハハハハハ（笑）。

里村　うーん。

綾織　そういう、脅しのところは、よく理解できるところなのですけれども、具体的には……。

金正恩守護霊　早く金を送れ。やられる前に、金を送れ。

綾織　具体的には、そこの部分ですか。

金正恩守護霊　身代金みたいないもんだ。もうなあ、日本人一億二千万は、人質に取られたんだ。「水爆ができた」っていうことは、「皆殺しができる」っていうことだ。原爆一発では皆殺しにはできないけどね。都市壊滅ぐらいだけど。日本丸ごと皆殺しができるようになったっていうことだから、君たちは丸ごと、もう人質になったわけよ。

里村　はああ。

金正恩守護霊　アメリカと日米安保なんか強めたところで、そんな、腰の引けたオバマなんていうのは、どうにもなんねえからさあ。

「拉致問題なんて、存在しないんだ」

綾織　まあ、今、実際、拉致問題で、日本との交渉が続いているわけなのですけれども。

金正恩守護霊　拉致問題なんて、そんなもの存在しないの。われわれは、今、戦争状態にあるわけですから。南北朝鮮はね、別に、平和条約なんか締結はしてないんであってね。今、休戦してるだけですから。

綾織　はい、はい。

金正恩守護霊　戦争状態なんですからねえ。拉致問題なんてのは、存在しないんですよ。敵国の人員を捕虜にするのは当たり前のことであって、こんなのは、二千年の歴史で見れば、そうなっとるでしょうが。ああ?

綾織　拉致交渉のなかで、結局、最後はお金の問題になっていて……。

金正恩守護霊　交渉なんちゅうのは、ないんだからな。交渉なんてない。

綾織　その部分で、兆単位のお金が話題に出たりしていたのですけれども。

金正恩守護霊　うん。身代金なあ。一億人分の身代金を……。

里村　一億人分の、ですね。

金正恩守護霊　うん。だから、拉致した百人やそこらのを言われてもしょうもない、小さすぎるから。一億人分の身代金だったら、日本はいくらなら払うんだ？（綾織に）おまえ、総理だったらなんぼ払う？　一億人の命乞《いのちご》い。

綾織　それは、払うわけにはいかないですけれどもね。

金正恩守護霊　そんなことないよ。お金を残したって……。

綾織　やはり、お金で解決するというわけにはいきません。

金正恩守護霊　あんたね、水爆が落ちたらね、日本銀行の地下の金庫だって、溶けるよ。持ってたってしょうがない。紙切れだ、ただの。

里村　そのへんのお金の部分が、今年の元日に、金正恩第一書記が演説された、「経済強国を目指す」というところとかかわってくるわけですか。

金正恩守護霊　うん。当然だ。だから、水爆が手に入った以上ね、中国の援助なんか、もうそんなに必要ないからな。どこを脅したって構わない。これを金に変えるつもりでいるから。

綾織　お金に変えていく。

「中国に北朝鮮を説得させようとしているオバマはバカだ」

立木　今、中国のことがお話にのぼりましたけれども、今回の水爆実験を受け、中国との関係をどのようにするとか、戦略的にどのように持っていくかなどについて、何かお考えはありますか。

金正恩守護霊　中国はね、こいつはコウモリだよ。もう、鳥でも動物でも、四つ足でも、なんか、西側のようなふりをしたり、独自の共産主義国のような顔をしたり、あんなの信用に値しないよ。気をつけたほうがいいよ。

里村　ほう。

金正恩守護霊　いちおう、北朝鮮は同盟国なんだけどさあ、（中国は）北朝鮮を制裁しているようなふりして西側にすり寄っていったりして、両方にええ顔してやってるけどねえ、ほんと、オバマの頭の悪さは、もう、とことん感じたねえ。ほんとに、中国に北朝鮮を説得させようとしてるって、こんなバカは見たことがないわ。

里村　ああ。

金正恩守護霊　ほんとに、中国のあの二枚舌、三枚舌が分からんのだなあ。ハーバードってのは、レベルが低いんだなあ。ええ?

綾織　一方で、今年の五月には、三十六年ぶりに党大会を行うということですけれども、中国側にも、「ここに、中国の首脳を呼びたい」というように伝えていると思うのですが。

金正恩守護霊　いや、中国の首脳なんてのは、どうでもええよ。

綾織　どうでもいいのですか。

金正恩守護霊　もう、社交儀礼でやってるだけだ。党大会なんていうのは、どうでもいいんだよ。私が〝党〟なんだからさ。私の決めたことが党大会の結論なんだから、そんなもん、格好だけだからさあ。なんせ、〝人民民主主義〟やからな。

里村　いや、しかし、今年五月に行われる労働党大会は、三十六年ぶりということで、お父様だった金正日《キムジョンイル》将軍の時代にも行われなかったことです。そこを、今回行うというのは、やはり、そうとうな決意がおありではないですか。

金正恩守護霊　ああ、まあ、ライバルはほとんど消したんでなあ。もう、全部殺したので、クーデターを起こしようがないしさあ。いちおう、やりそうなやつはみんな処刑しといたから、あとは、「水爆実験までして、親を越えた。親父（金正日）、祖父（金日成《キムイルソン》）を越えたということで、最高権力者になった」っていうことを誇示する必要があるよな。それだけだからね。

綾織　うーん……。

金正恩守護霊　別にしなくてもいいんだけどね。

里村　なるほど。これについては、今、世界でもいちばん話題になっているのは、「（水爆実験が）なぜ今なのか」というところであり、やはり、この労働党大会との絡みが出ていました。今のこの時期に、「これで権威を固める、盤石《ばんじゃく》なものにする」というご意図があったわけですか。

金正恩守護霊　いやあ、まあ、オバマの最後の年だから、どこだって狙ってるとは思うけどさあ。オバマは「口だけ男」だからさ、あんなの、何やったって、非難したり、声明を出したりするだけで、実際はなーんもしない。

いや、知ってるよ。みんな知ってるよな。ロシアだって知ってるからやってるでしょ?

里村　はい。

金正恩守護霊　中国だって、「オバマだから」ってことで、ああやって海洋開発をな? フィリピンの近くに軍事基地をつくったりしてんでしょ?

里村　はい。

金正恩守護霊　あんなの、中国の利害から考えたらさあ、もしアメリカが攻めてくると思ったら、北朝鮮を敵に回すと思うかい? 思うわけないじゃない? ここにも核兵器を持ってる国がいるんだから、韓国と日本を牽制に使うに決まってんじゃん? なあ?

そしたら、アメリカは、「韓国・日本を守らないといかん」と思ったらさ、助けるために、フィリピンやベトナムの、そんなちっちゃな島の所有権をめぐって、どこの帰属にするかはっきり分かっとらんようなところのために戦えないじゃないですか。そんなのは、もう、考えたらすぐ分かることだ。

だから、こういう実験は、オバマが（大統領を）やってるときがいちばんふさわしいし、もう一つ、安倍君な。

里村　ほう。

安倍総理は「総理大臣を演じているただの役者だ」

金正恩守護霊　安倍、安倍、安倍、三代目の安倍君な（注。安倍晋三総理の父は、外務大臣や自民党幹事長等を歴任した安倍晋太郎氏、祖父は第五十六・五十七代内閣総理大臣の岸信介氏である）。あれが偉そうに、もう、ほんと役者だよな？　ただの。ほんと力もないのに……。あれは、ほんと、レーガンみたいだな。元俳優じゃないかと思うぐらい、役者。総理大臣を演じているんだよ、あいつは。中身は空っぽだろ？ 総理大臣を演じて、それらしく見せてる。な？ 大政治家に見せるのだけがうまいのなあ。

これが偉そうに、日本の軍事大国化を目指しているように見せて、世界にＰＲしてるからさあ、一つギャフンと言わせてやろうと思ってさ。「伊勢神宮なんかにお参りしたところで、何の御利益もねえ」「神風で水爆は飛ばせんよ。すっ飛ばすことはできないよ」っていうことを教えてやるわ。

4　金正恩の「日本への狙い」は何か

次にやることは「弾道ミサイル実験」

綾織　先ほどおっしゃったように、今年は、オバマ大統領の最後の一年間ですけれども……。

金正恩守護霊　ああ、いや、今年はええ年だ。

綾織　この一年間で、どこまで、何をしていきますか。

金正恩守護霊　いや、そりゃあ、次は弾道ミサイル実験でしょ？

綾織　ああ……、はい。

金正恩守護霊　そりゃそうでしょ。いつやるかはうちの自由だ。

綾織　では、ミサイルを飛ばして、「確実に技術はあるぞ」ということを……。

金正恩守護霊　だから、お金がねえ。まあ、金庫は蒸発しちゃいかんからさ、そういうのは、ちょっと上手に避けないといかんし、現金とか金塊とかは残してやらないといかんからさ。

綾織　うーん。

金正恩守護霊　最初はその、なくなるといかんからさ。韓国は、従軍慰安婦で、十億円ぐらい日本からせしめたって？（注。二〇一五年末に、日本と韓国の間で交わされた二国間合意のこと）北朝鮮はそんなもんで許しませんよ。まあ、これで、十兆円ぐらいまでに跳ね上がったよな、最低でもなあ。「ミサイルを撃たんでくれ」というだけで十兆円。

綾織　ああ、なるほど。

金正恩守護霊　うーん、そのくらいの感じかなあ。

綾織　では、そういう日本との交渉を進めて、お金を取ると。それをやるのが中心ですね？

金正恩守護霊　ミサイルを撃ったら、それに核弾頭が入ってるか入ってないか、十分以内に判断ができるか？

里村　うーん。

金正恩守護霊　そらあ、分からんわなあ。ああ、怖い、怖い、怖い、怖い、怖い。

日本の参院選が近いなかで、何を狙っているのか

里村　大きなカードを握られたというふうにおっしゃるのは分かりました。また、日本の安倍総理についても、ご意見がありました。ただ、その見解はよろしいのですけれども、一方において、今回、日本の選挙が近い状況があるわけです。

金正恩守護霊　うん。

里村　日本で選挙が近づくと、いつも北朝鮮が動くようになっているのですが。

金正恩守護霊　いやあ、あえて強気でやってるのよ。うちが軍事行動をしたらさあ、一見、今の（日本の）タカ派政権に有利に働くように見えるじゃない？

里村　はい。

金正恩守護霊　な？　だから、それを自制したいと思うのが人情でしょ？　普通ね。そこをあえて、タカ派を有利にしてやるようなこともしてやって、挑発してるわけよ。「やれるもんならやってみな」って。

里村　ほおー。

金正恩守護霊　うん。それでもできない。挑発しても、日本の国論は変えられない。ハハハハッ。

里村　そうすると、安保反対派、いわゆる、安倍さんが進めた安保法制に対して廃止を言っている人たちが、今回、国会も開幕早々、ある意味で、冷水を浴びせられたかたちになっているわけですが。

金正恩守護霊　いや、そんなのは中国の手先とかさ、韓国の手先がコチョコチョと、後ろでロビー運動をやっとんだろ。

里村　はい。

金正恩守護霊　俺らは王道だからさあ、そんな小さなことはしやぁしねえさ。北朝鮮がそんなロビー運動みたいなのはしやしないよ。堂々とミサイルで対決するからさあ。〝横綱相撲〟だよ。

里村　日本のタカ派に対しても、「やれるものならやってみろ」という意思表示ですね？

金正恩守護霊　そうだよ。「まとめて片付けてやるから、やれるもんなら軍事国家やってみろ」っていうんだよ。やったらええよ。憲法九条の改正？　いいねえ。やりなさいよ。

里村　ほお。

金正恩守護霊　堂々と戦おうよ、リングの上でなあ。水素爆弾 対 おたくの手投げ弾か何かでやったらええ。バズーカ砲ぐらいと水素爆弾との戦いだな。面白いや。〝後進国 対 先進国〟の戦いやなあ。面白い。どうぞ、どうぞ戦ってください。

5 アメリカへの「挑発」の真意は？

トランプ氏もヒラリー氏も「敵じゃない」

綾織　今、いろいろな解説がニュースのなかでされているのですけれども、北朝鮮とイランとのつながりも言われています。ただ、それほど密接なつながりがあるかどうかは分からないのですけれども。

オバマ大統領がイランに対し、実質的、長期的な部分で核開発を認める合意がありましたけれども、結局、目指しているものとしては、アメリカとの関係ではそういう部分を目指していくというふうに考えてよいのでしょうか。

金正恩守護霊　オバマはいいよなあ、ほんとに。「ノーベル平和賞」って威力があるなあ。あれさえ出しときゃ、何にもできなくなるからさあ。

里村　（笑）

金正恩守護霊　「ノーベル平和賞」って効き目はあるよなあ、ほんっと、そう思うなあ。それで、アメリカ国内の銃規制も一生懸命やってんだろう？　いいねえ。もうすぐ、アメリカが日本みたいな国になるんだろうなあ。これはいいわなあ。アメリカの最期だなあ、もうすぐ（注。二〇一六年一月五日、オバマ大統領は、大統領権限に基づく銃規制強化策を正式発表。任期中の最重要課題の一つとして位置づけた）。

里村　ただ、今年、アメリカの大統領選があります。例えば、今、共和党の候補でいちばん支持率が高いドナルド・トランプ氏のような方が選出された場合に、状況はかなり変わると思います。そういう意味でも、その前に（水爆実験を）やっておこういうことだったのですか。

金正恩守護霊　わしは三十二歳なんだよ。

里村　はい。ただ、明日（二〇一六年一月八日）で三十三歳になります（注。金正恩は一九八三年一月八日生まれと言われているが、諸説ある）。

金正恩守護霊　ええ、ええ。でも、トランプが大統領になったときには何歳だよ？　もう七十だろう（注。収録時点で、トランプ氏は六十九歳。一九四六年六月十四日生まれ）。いつポクッと逝くか分からんのだよ、ねえ？　だから、そんな人は大統領になったら、入院とかになるんじゃないか？（笑）あまりの重圧になあ。敵じゃないいな。

里村　そうすると、アメリカの次の大統領の年齢は……。

金正恩守護霊　ヒラリーは、おばあちゃんじゃないか。まあ、かわいそうだとは思うけどさあ。おばあちゃんだから、もう〝女性〟でもないんでねえ。男性でも女性でもない存在なんだろうけどさ。まあ、アメリカの老朽化と軌《き》を一《いっ》にした動きだな、老朽化した人間が二人出てくるっていうのはなあ。

里村　なるほど。

「オバマは譲歩してくるだろう」

綾織　アメリカに対しては、米朝交渉を狙っているのではないかと言われているのですけれども、そこは何か求めていくものはあるのですか。

金正恩守護霊　まあ、オバマは譲歩してくるだろうなあ。「アメとムチ」で、脅して効かなかったら、アメが出てくると思うけれども、その次に対しても牽制はかけとかないといけないからなあ。まあ、アメリカは自尊心をどんどんなくしてるところだからなあ。できることは、もうほとんどないよ。だから、核兵器もよう使わんようになっとるんで。廃絶運動をしてんだからさ。それだったら、〝アメリカン・スナイパー〟をやっとりゃええよ。

里村　うん。うん。

金正恩守護霊　スナイパーだけだったらねえ。市街戦なら、それは命が惜しくない国のほうが強いからさ。

だから、地球の裏側まで来て、人殺しをやってるの？　もう、みんなが嫌がって、そのうち、あれするよ。自閉症の国になるよ、あそこなあ（鎖国の意か？）。

綾織　一方で、オバマ大統領も、最後の年だからこそ、「キューバとの国交正常化のようなかたちで、何らかの遺産を遺したい」というような気持ちがあると思うんですけどね。

金正恩守護霊　もう、ノーベル賞を何個でも取ったらええよ。キューバなんか、何の関係もない、うちにとってはね。

綾織　アメリカにとって、残っている国交正常化というところで言うと、北朝鮮ぐらいということになるんですけれども。

金正恩守護霊　だから、キューバにねえ、核ミサイル基地をつくって、アメリカを攻めなきゃいけない理由もなくてね。もう直接、北朝鮮から本土を狙えるからね、アメリカ本土をね。

ましてや、日本なんていうのは、どこでも狙い放題だ。私のこの奇策っていうか、奇襲兵法から見たらねえ、「うちのミサイルは命中精度が悪いから、どこに飛ぶか分かりません」って言っとけばねえ、日本なんて……。

まあ、迎撃用のミサイルで、〝PAC《パック》何とか〟（パトリオットミサイル）というのを持っとるんだろうけどさあ。落ちてくるところに、これを運ばなきゃいけないんだろ？　これは大変だよなあ。「東京を狙って撃つ」と言って、それが大阪に落ちたらもう、守れないだろ？

里村　うん、うん。

金正恩守護霊　ハッハッハッハッハッハッハ……。全国の都市にそれを置くほどの金はねえんだからさ。だから、「精度が悪い」っていうのが怖いっていうこともあるんだよ。

6　大言壮語《たいげんそうご》か、自信の表れか

「君らは本当に、いいマスコミを持ってるねえ」

立木　今回、水爆の実験ということで、非常に大きな騒動になっていますけれども、去年の五月にはＳＬＢＭ（潜水艦発射弾道ミサイル）を潜水艦から発射する実験をして「成功した」という発表もありました。

ただ、これに関しては写真が合成ではないかという指摘もあったりして、真相は「藪《やぶ》の中」なのですが、これについてはどのように考えていらっしゃいますか。

金正恩守護霊　まあ、君らは本当に、いいマスコミを持ってるねえ。全部疑って、自分たちに都合のいいほうに解釈して、うちの脅威を小さく見せるように解説して、左翼運動を一生懸命、燃え上がらすマスコミをいっぱい持ってるんだな。それで、こいつらに、軽減税率かけて、潰れないようにしてやってくれるんだろ？　いい政府だねえ。ほんとに、ありがたいわ。

「疑い深いということが、自分たちを危機に陥れているっていうことが分からん」っていうことは残念なことではあるが、うちにとっては有利なことやな。

「まだ、そこまでは行ってないだろう。そこまではできないだろう」と思ってくれるっていうのは、軍事的には非常にいいことやな。

軍事的にはねえ、最悪の事態を考えとくのが本当は正論なんだよな、最悪の事態をな。

「潜水艦から撃てる」と言ってる。じゃあ、もし撃てたらどうするかを考えるのが軍事的な作戦だわな。「『撃てない、撃てない』って言って、それで一生懸命、信心しとれば、ほんとに潜水艦から撃てない」と思ってて、それで済むと思うならなあ……。

まあ、そうやって言っとかないと、左翼のマスコミは全部潰れてしまうからだろうからなあ。

里村　そこは、第一書記のおっしゃるとおりだと思います。まあ、政権も、逆に言えば、そういう脅威を利用しない、と。逆に、過小評価を、一生懸命しようとすることで、むしろ……。

金正恩守護霊　それで、自分の無為無策を合理化するんだろ？

里村　ということですねえ。
まあ、ある意味では、みんな見事に、第一書記の戦略にはまり込んでいます。

金正恩守護霊　だから、もうねえ、超大国なのだよ、北朝鮮はね。君らも、バカにしちゃいけない。超大国、科学先進国なんだよ。科学力に差がある以上、君たちに、もう勝ち目はないんだよ。

里村　おお。

金正恩守護霊　だからねえ、「人間対ネズミ」の戦いみたいな感じだな。ネズミ捕りをどこに仕掛けるか。餌を何にするか。そういうことを考えるのは私たちの自由で、あんたがたは食べるかどうかだけを判断したらいい。毒が入ってるか、捕まるか、それは知ったことじゃない。お腹が空いたら食べにきなさい。それだけだ。

日本の海岸に北朝鮮の木造船が漂着しているのは、なぜか

立木　最近、「日本海側の海岸に、北朝鮮からではないかと思われる木造の船が漂着して、遺体が発見される」というケースが相次いでいるのですが……。

金正恩守護霊　よう知ってるな、細かい話を。おまえの頭は小さいんだなあ。

立木　いや、そういうことが指摘されているわけです。

金正恩守護霊　うーん。うちに金が余ってるんだよ。だから、おまえらに木造船をねえ、〝寄付〟してやるぐらいのお金があるんだ。

立木　いえ。ですので、「経済状態がかなり悪いのではないか」という推定が成り立ちます。

金正恩守護霊　そんなことないよ。処刑した船員でも乗せて流したんだろう。それは、よくある話じゃないか。

里村　九人、十人と、ご遺体が乗ったまま、着くんですよ。

金正恩守護霊　「言うことをきかない、要するに、ノルマを守らないやつらを処刑して、そのまんま島流しにしたら、日本に漂着した」と、そういうこったろ。そのうち、日本に悪い病気でも流行るよ、そのうちな。

綾織　（金正恩第一書記は）非常に健康でいらっしゃって……。

金正恩守護霊　うーん。体も健康よ。

綾織　ああ、そうですか。健康なんですか（笑）。

金正恩守護霊　健康、健康。（里村に）あっ、君もなかなか立派な体格しとる。

里村　いえいえ、もう……。

金正恩守護霊　君に劣るようなことはない。

里村　いえ、第一書記には劣ります。

金正恩守護霊　食べてる中身が違うね。

里村　ええ。

金正恩守護霊　きっと、私のほうは、いいもの食ってると。

里村　ええ（笑）。

金正恩守護霊　君は安いもの食って太っとるけど、私はいいもの食ってると思う。

里村　（笑）いや……、最近、また非常に、ますます福々しくなられていますね。

金正恩守護霊　貫禄がなあ。まあ。

綾織　足を引きずっている映像があると思いますけれども……。

金正恩守護霊　それはなあ、美食がやや過ぎただけであってなあ。

綾織　ああ、過ぎているんですね。

金正恩守護霊　ああ、まあ、ほんのちょっとね、美食が過ぎて、ちょっとつまずいただけであってな。どうってことはない。うん。

「崩壊するのは韓国であって、うちじゃない」

綾織　今は非常にいいご気分でいらっしゃると思うのですが。

金正恩守護霊　うん。

綾織　北朝鮮を取り巻く、客観的な今の状況で言うと……。

金正恩守護霊　何の心配もない。

綾織　ああ、あの……。

金正恩守護霊　なあんも。

綾織　中国やアメリカも含めて、周りの国は北朝鮮に崩壊してほしくないと考えています。韓国もそうですよね。だから、いちおう中国も、それなりに石油や食糧等の援助をして、現状維持でいってほしいというのが客観的な状況です。もし、「崩壊させる」というような、何らかの国際的な意思決定なりがあった場合には、極めて危険な状況であるというのが、客観的な状態だと思うんですね。

金正恩守護霊　まあ、君、何か回りくどいことを言って、よく分からんことを言うなあ。

綾織　そのへんは見えていらっしゃらないと思うのですけれども。

金正恩守護霊　韓国の〝クネクネ大統領（朴槿恵《パククネ》大統領）〟も「制裁する」だの、偉そうに何か言うとるようだけども、韓国なんちゃ、もう、ひねり潰せるんだからさあ。ノミみたいなもんだわなあ。私らから見りゃ、ほんと、籠《かご》のなかの鳥みたいなもんだからねえ。

あるいは、「どうやって食ったろうか」と思ってるところなんで。われわれにとって悩みなんて、ありゃしねえさ。思想の統一さえできとれば、いつ、いかなる事態に対しても対処できる。

里村　うーん。

金正恩守護霊　韓国の、あんなヒステリー女性大統領なんかはさ、そんな、ちょっと脅せば、もう、何が起きるか分からないね。国内大パニックやなあ。崩壊するのは韓国であって、うちじゃない。

金正恩の権力基盤は固まったのか？

綾織　先ほど、「権力基盤が固まった」という話がありましたけれども……。

金正恩守護霊　うん。固まったね。

里村　ほお。

綾織　ただ、二〇一三年末に張成沢《チャンソンテク》氏という側近の方を処刑し、その一派も何千人と処刑したようにも伝えられています。その一方で、忠誠を誓うかたちを取りながらも、心のなかではそうではない張成沢一派がたくさんいるとも言われています。
だからこそ、そのクーデターがいつ起こるか分からないというように見られています。先ほども少しおっしゃいましたけれども、本当に固まっているのでしょうか。本当にそう思っていますか。そこを分析していますか。

金正恩守護霊　まあ、君、つまらんなあ。わしはねえ、韓国みたいに軟弱でねえからさ。

綾織　はい。

金正恩守護霊　産経の支局長を逮捕しといて無罪にしたりはしませんよ。私だったら、皆殺しにすっからさ。それこそ、この次は拉致や。新聞社の社員とかを拉致してきて、公開処刑する映像でも流したら、そらあ、「イスラム国」みたいでかっこいいんじゃないかあ。ええ？

里村　ほお。ほお。

金正恩守護霊　ええ。なあ？　日本に見せてやりたいわ。ハッハッハッハッ。われわれには、そんな「無罪」なんていうことはないっちゅうことを知らしてやりたいねえ。

だからねえ、大丈夫、もう十分恐れてるからさ。

里村　うーん。

金正恩守護霊　だいたい、私のような若い者が権力を取ったときは、叔父とかさ、そういう肉親の目上に当たるようなのを処刑できるかどうかで、まあ、権力が試されるわけよ。

綾織　はあ。

金正恩守護霊　これができるようだったら、他人なんかいくらでも殺せるっていうことを意味してるからね。

里村　うーん。

金正恩守護霊　まあ、儒教がね、朝鮮半島でだいぶ入ってるから。まあ、「目上の者を敬え」みたいなところがちょっとあるからね。

里村　うん。うん。

金正恩守護霊　そういう基盤がちょっとあるもんで、文化基盤がな。まあ、それでもあえて、〝正義〟のためには、「大義親《たいぎしん》を滅す」と言ってな。そういう、「親でも殺す」っていうところをちゃんと見せればな。みんなピシッと国は一つにまとまるんで。

反乱の芽が出てくることはあるだろうし、そんなの、どうせ、韓国や中国や日本の意を汲《く》んで動いてるやつらだろうからさ。だから、それに対しては、ちゃんと警告を発するためにも、どんどん公開処刑するなり、おんぼろ木造船に乗せて流すなり、まあ、やらせてもらいますよ。

7 「中国とは対等になった」

前回の霊言と変わってきた「中国」への見方

里村　私のいちばん気になっているところが「中国との関係」なんですね。

金正恩守護霊　うん。

里村　つまり、前回、守護霊様とお話ししたときは、中国が世界一になるのを手助けするような話などがあったと思うのですが、それから三年近くがたち、中国に対する物言いが、前回の霊言とは若干《じゃっかん》変わってこられたように感じるのですが。

金正恩守護霊　ああ、それは変わったわな。うーん、対等になったからね、もう。

里村　対等になった?

金正恩守護霊　うん。もう対等になった。

里村　対等になったはずなのに、中国が対等のように扱わないということに対して、やはり、不満がおありですか。

金正恩守護霊　いやあ、中国は「孤立」しとるわけよ。孤立を。世界でねえ、味方がいないわけよ。最有力の同盟国（北朝鮮）に対してもだねえ、対等の立場に立たれてしまったからねえ。あとは、アメリカの仲間に入ろうとしたって入れてくれんし、日本も入れてくれんしさあ。ヨーロッパに金をばら撒《ま》こうとしてるけど、（ヨーロッパも）金だけは欲しいけど、仲間には入れてくれないしさあ、アジアの国には怖がられてさ、そらあ、石油取りに来たら、中東だって、どうせ怖がるに違いないからさあ。

最強国と言ってるけど、本当は孤立してるんだよ。本当は友達が欲しくてしょうがないわな。

だから、うちの立場のほうが相対的に上がったっていうことかな、かなりね。だからねえ、あんた、中国だってねえ、いや、もう北京だって灰にできるっていうことよ。

里村　まあ、そういうことですよね。

金正恩守護霊　そらあねえ、怖かろうよ。いくらねえ、人口がいたって、あんた、北京に水爆を落とされたら、たまらんでしょう？　いきなり不意討ちをやられたら、もうどうしようもないでしょう？　「北京《ペキン》、丸ごと蒸発」？　これは堪《こた》えるわねえ。

「習近平《シージンピン》を超えたかもしれないよ」

里村　私が中国筋のほうから情報を受けたなかでは、要するに、「個人的にも、金正恩第一書記が習近平《シージンピン》を嫌ってる」と。

金正恩守護霊　いや、超えたかもしれないよ。

里村　それで、「習近平も、以前から、金正恩第一書記に関しては、生意気だと思っている」という……。

金正恩守護霊　あっ、ライバルか。ライバル視してるのね？　自分よりも若くして優秀な者が出てきた。それはライバル視するわ。もう向こうは六十歳が来てるでなあ。そらあ、もう、三十二、三歳でこれだけの権力を持ってたら、自分もそのぐらいの早さで持ちたかっただろうなあ。三十歳ぐらいから、国家の権力を握って、三十年やれたらそれは面白かろうよ。自分もクビになるのは、時間は秒読みだからねえ、あっちも。

「こちらは私の一存で核攻撃できる」

綾織　これ、現実的なところとしては、北朝鮮の軍のなかにも、「中国派」というのは、やはり、明確にいましして、中国も……。

金正恩守護霊　そう？　数えたの？　ふーん。

綾織　具体的には存じ上げませんけれども、中国の側との協力関係といいますか、中国の人民解放軍と結んでいる勢力が存在するわけですよね？　だから、ここが動いたときに、もう「権力基盤は固まっている」とおっしゃいますけれども、実際にはそうではないという状況はあると思いますね。

金正恩守護霊　どうせ、でも、つながってたって、満州筋《すじ》の人たちにさあ、あの中国のな？「そこにだって、原爆を落とせるんよ」って言ったら、それで終わりだわな。彼らはさあ、習近平の命令がなかったら、北朝鮮を核攻撃ができませんからね。こちらは私の一存でできますからねえ。だから、彼らが、いくら何十万人いようとさ、私は撃ち込むと思うよ、決めたら。それで撃ち込めますからねえ。絶対、あちらのほうが後手になりますから。全滅ですよ。そら、怖いわな。逃げていきたいわなあ。そら、鴨緑江《おうりょくこう》の向こうに、もうできるだけ遠くへ逃げたいわな。もうロシア領域まで逃げたいんじゃないかな。

「殺されるのは、私より習近平が先だ」

里村　ただ、中国のほうは、「金正恩第一書記に代わる、ある意味で正統な後継者に当たる方を、中国の影響力の下《もと》に庇護《ひご》をしている」という状態がずっと続いているんですよね。

金正恩守護霊　ヘッ！　ヘッ。

里村　金正男《キムジョンナム》さんですね。

金正恩守護霊　あのねえ、実力がなくしてねえ、やっぱり指導者は務まらないんですよ、一国の。それはねえ、庇護をしたって、そんなもの無駄ですよ。傀儡《かいらい》政権立てようと思うとるんかもしらんけど、そんなの三日で壊れますよ。

里村　ただ、この数年、二十一世紀に入ってからの世界を見ますと、例えば、リビアのカダフィ大佐などは、あれだけ盤石《ばんじゃく》に見えて、そして、リビアの民衆から支持されているように見えて、あっという間に、民衆によって、逆に殺されるという結果になっています。こういったものを見て、実はけっこう、鳥肌が立つものを感じられたりするのではないですか。

金正恩守護霊　いやあ、殺されるのだったら、私よりも、習近平のほうが先だと思うよ。

里村　ほう。

金正恩守護霊　そらあ、あちらのほうが狙われる。もっともっと暗殺計画は、あちらのほうが多いわ。

里村　多いです。

金正恩守護霊　中国は巨大ですから。もう暗殺勢力も、いっぱい闇にうごめいてますからねえ。どこから狙われるか分からないんだもんね。うちなんかは、すぐ分かっちゃいますから、動きは。簡単につかめますけどねえ。中国なんかねえ、習近平が、もう本当にちょっとでも国内を動いたら、どこで狙われるか分からない状況ですからね。

暗殺を狙う勢力も「たまにはいるが、即座に撃ち殺す」

綾織　暗殺計画があるわけですね？

金正恩守護霊　え？　何？　何？

綾織　いろいろ、ご自身の周りで動いている暗殺計画があるんですね？

金正恩守護霊　いや、たまにはそういう人もいるだろうよ。

綾織　あ、たまには？　なるほど。

金正恩守護霊　うん、たまには。だから、もう即座に撃ち殺すから。

綾織　これは象徴的なのですが、去年（二〇一五年）の五月に、あなたご自身がロシアに行って対独戦勝式典に出席するという話がありましたが、クーデター計画があったため、結局、国外に出られなかったことがあったと思います。

金正恩守護霊　外国へ行くのは危険はあるわな。やっぱり、外国へ行ってる間に、国内で悪さをされるとか。

綾織　はい、はい。

金正恩守護霊　外国へ行ってると、要するに、わし一人をね、何と言うかなあ、捕獲されたらなあ、国が動かんようになるところがあるからなあ。そういう悪いことを、まあ、外国が考えたり、テログループとかが考えたりする可能性もあるから。そらあ、用心せないかんわなあ。

綾織　「権力基盤が固まった」と言うならば、「海外に行ける状態になっている」ということを意味するのですけれども。

金正恩守護霊　いや、いや。固まったから、行っちゃいけないんだよ。

綾織　えっ、行っちゃいけないんですか（苦笑）。そうなんですか。

金正恩守護霊　固まったら行っちゃいけない。いつでも、有事対応できるようにしなきゃいけない。

綾織　やはり、怖いのではないですか？

金正恩守護霊　ええ？

綾織　そういう、クーデターや暗殺が、怖いのではないですか。

金正恩守護霊　あのねえ、アメリカのピープルが選ぶ大統領なんて、なんぼでも交代がいるんだよ。だから、外国へ行っても平気なのさ。暗殺されたら次が出るだけだからさ。そりゃあ、場合によっては、反対党から暗殺される可能性もあるぐらいだからね。まあ、あんなところはなんぼでもいるし、日本だって（笑）、安倍が総理のふりしとるけどさ、あれが暗殺されたところで、別に困りゃしないでしょ。すぐ翌日、新しい総理が出てくるからさ。日本なんかいくらでもいるじゃないですか。「凡庸《ぼんよう》の塊《かたまり》」、「どんぐりの背比べ」だからな。凡庸の塊で、どんぐりの大きさが、ちょっと違うかどうかだから。

綾織　それだけの才覚のあるトップの方が暗殺される懸念があるということですね。

金正恩守護霊　そらあねえ、私は一人しかいないからね。

綾織　だから、暗殺されてはいけないと。

金正恩守護霊　世界の最高権力者だからさあ。

就任以来、中国に行けない理由とは？

里村　暗殺を恐れて、就任以来、いまだに中国に出かけていません。

金正恩守護霊　中国は悪さをすることがあるからね。

里村　やはり、三年前に比べて、ずいぶん中国に対して警戒感が強く……。

金正恩守護霊　いや。私に権力があるから、そりゃ、しょうがない。権力がなければ、私のほうが「朝貢外交」しとれば、向こうも気楽なんだろうけど、私に権力があるもんだからな。怖いわけよ。

里村　そうですね。その朝貢を、ある意味でしなくなったという……。

金正恩守護霊　うん。独自外交できるからね。

綾織　これまでは、「中国の政権が、朝鮮半島の国の正当性を与えてやる」という立場だったわけですが、もう、そこから抜け出したという状態ですね?

「日本は、うちの植民地になる日が近づいている」

金正恩守護霊　もう無視することができないでしょ。核大国なんですからねえ。君らは、もう隷属《れいぞく》国家なんだからね。分かってるのか。

里村　隷属？

金正恩守護霊　ああ。日本なんていうのは、私たちの庇護の下に経済活動して、金を稼いでるだけなんだから。私たちの代わりに、今、お金を蓄えてくれてんだからさ。

里村　日本は、北朝鮮の隷属国家なのですか？

金正恩守護霊　そう、そう、そうよ。そうよ。私たちの監視の下に、君らは、経済活動ができてるわけですから。

そうして、ありがたいことに、君たちの仲間は、「アメリカの海兵隊もみんな引き揚げろ」と言って、頑張ってくれてるからさ。実に、協力的な国民がいるな。

だから、ある意味では、今回は、日本を吸収合併してもええかなと思ってんだなあ、逆になあ。歴史は正反対に動くことがあるからなあ。まあ、南鮮っていうか、韓国は当然吸収するつもりだけど、「日本も吸収してみようかなあ」と、今、考えてるな。

里村　なるほど。

金正恩守護霊　君たち、ハングルの勉強でもしといたらいいよ。

里村　第一書記からご覧になると、沖縄で「辺野古基地反対」とか言っている人たちの動きは、ある意味で、非常にかわいい？

金正恩守護霊　うん。だから、日本がね、うちの植民地になる日が近づいてるような気がする。

里村　なるほど。

金正恩守護霊　うん。

里村　日本国内では、「沖縄が中国化し、そこからまた、中国の侵略」ということを心配する声もありますが、第一書記から見ると、むしろ、北朝鮮のほうに非常にチャンスが生まれている？

金正恩守護霊　あんた、米軍がグアムまで退《ひ》いていったらねえ、それは、「うちを恐れてるんだ」と思うわなあ、うちの国民は。それはそう思うよ。だって、攻撃されるから怖いよね。沖縄の人たちはさ、「米軍基地があるから、ここが狙われる」

って言ってるんでしょ？　狙われるっていうのは、核攻撃される可能性があるっていうことでしょ？　だから、「出ていってくれ」っていうことでしょ？　だから、うちの軍門に下るっていうことでしょ。

そらあねえ、あなた、中国がフィリピンと戦争をやってる間に、うちが沖縄を取ったって構わんわけだからさ。

8　ロシアに対して嫌がる金正恩守護霊

「プーチンは独裁者だから、用心しなきゃ」

里村　たいへん申し訳ないのですが、それは、朝鮮半島でよく言われる「事大主義《じだいしゅぎ》」というか、自分を大きくして、自分たちの都合のよいように捉えがちというように聞こえなくもないのですけれども。

金正恩守護霊　あのなあ、核兵器をつくってから言えよ。事大主義ったってな、あんたね、すでに持っておるものに対して、なんや？

里村　そうすると、今日のインタビューをお許しいただいてから、ずっと、やはり、

「核兵器が大きな鍵だ」ということですね。そのなかで、もう一点お伺いしたいのですが……。

金正恩守護霊　うん？

里村　先ほど「ロシア」という言葉が少し出てきても、あまり具体的に触れようとしませんでした。

金正恩守護霊　うーん。

里村　ロシアについては、ただ、やはり……。

金正恩守護霊　うーん。独裁者だからな、あそこはなあ。

里村　（苦笑）

金正恩守護霊　まあ、独裁者は独裁者だからなあ。あの独裁者をどう〝処理〟するか、やっぱり、今、考えてるところだ。

綾織　ほお。〝処理〟するんですか。

金正恩守護霊　うーん、やっぱ、あれはねえ。

アメリカのは駄目よ、オバマなんか独裁者に値しないからさ。世界を見渡して、今、「独裁者」っていうのは、まあ、プーチンだよなあ。これは独裁者だわ。

里村　（笑）なるほど。

金正恩守護霊　まあ、それは、ドナルド・トランプとかも、そういうふりはするかもしれないけどなあ、独裁の。

里村　うん、うん。

金正恩守護霊　まあ、まだ大統領になってもいないし、言う必要もなかろうから、相手にする必要はないし、反対党があるからな、大きななあ。

里村　うん、うん。

金正恩守護霊　まあ、（次期大統領が）ヒラリーなんかになったら、もうこんなの、手玉に取るようなもんだ。話になんねえからさ、こんなのは。だから、独裁者としては、プーチンはな、多少、独裁者だ。

綾織　ロシアをどうしようとしているんですか？

金正恩守護霊　核兵器を一万発持っとるからなあ、これは。あれが発狂したら大変なことになるわなあ。あれは象の大群が暴走するような感じになるからさ。この独裁者には、いちおうは用心しなきゃな。

綾織　うーん。

金正恩守護霊　中国は、意外に、世界みんなから監視されてるからさ。そんな簡単に暴走できませんよ。

里村　うーん、なるほど。

金正恩守護霊　そんなに簡単にな。今、外国を取り込もうとして、よそを取り込んで仲間を増やそうとしてるから。そういうことをし始めるのは弱い証拠なんだ。

里村　逆に、弱いんですね？

金正恩守護霊　だいたい弱いから。うん。

金正恩の弱点はプーチン大統領？

里村　そうすると、今、ある意味で、世界のなかで唯一、第一書記が怖いのはプーチン大統領？

金正恩守護霊　いや、あれは〝発狂〟する可能性があるからな。可能性はちょっと……。

綾織　簡単に軍を動かしますからね。

金正恩守護霊　うん。〝発狂〟、いきなり攻撃するでしょ。ねえ。ウクライナとかさ。

里村　ええ。

金正恩守護霊　あんな、シリアとかさ、いきなり来るじゃないですか。いきなり空爆とか、これは敵わんからさ。

里村　うん。

金正恩守護霊　アメリカとか、できやしないのは分かってる。こんなもんは、英国とか、フランスとか、すぐにできやしないですよ。できやしないのは分かってるけど。

綾織　なるほど。

金正恩守護霊　あそこは、いきなり来ることがあるからな、気をつけないと。

綾織　それはいいアイデアで、「日本はロシアと組んでやるのがいい」ということを教えていただきました。

金正恩守護霊　ああ、そんなことはないと思うけどね。アメリカがさ、偉そうなことを言うてるから。まあ、中国寄りにシフトしてるしさ。だから、まあ、日本はチャンスを逃したわなあ。ロシアと結びつくチャンスはあっただろうにさあ。外交が下手やから。

「ロシアと日本が組む」のが嫌なのか？

里村　今年、プーチン大統領来日の話もあるんですよ。

金正恩守護霊　ああ、そう。

里村　ですから、第一書記としては、プーチン大統領をどうしたいのですか？「もう始末したい」とか（苦笑）、どうしたいのですか。

金正恩守護霊　いやあ、日本とはまだ戦争状態が続いてるんだから、ロシアはさ。

里村　うん。

金正恩守護霊　まだ平和条約を結んでないんだからさ、日本のために、プーチンが北朝鮮を核攻撃するっていうことはありえないですよ。それは無理だ、それは無理だよ。安倍が裏切ったしな。

綾織　まあ、プーチン大統領は守護霊レベルでは、そのようなこともおっしゃっていたので、可能性としてはあると思います（注。『ロシア・プーチン新大統領と帝国の未来』〔幸福実現党刊〕参照）。

金正恩守護霊　いや、プーチンは日本に対してさあ、もうちょっと仲良くなろうとしてるのに、安倍が裏切ったからな。過去、何回も会ってさあ、親交を温めていたつもりでいたのにさあ。あんなもん、油問題一つでガタガタ言ってさ。力のないオバマの尻尾についてさあ、「ああでもない、こうでもない」って言い始めたからさ。だから、安倍はねえ、頭空っぽだから、理論に一貫性がないんだよ。

里村　「ウクライナ問題等でロシアとの関係改善をしていけないのは、むしろ、損をしているのではないか」ということについては、私たちも同じ考えではあるのです。

金正恩守護霊　うーん。

里村　今、ロシア経済もたいへん厳しい状況ですので、今後、プーチン大統領の来日等で、日本には、樺太《からふと》、それからシベリアからのパイプライン等での天然資源輸送などが行われるようになる可能性もありますが、ロシアと日本が仲良くされるのは、第一書記から見るとやはり嫌だなと思われますか。

金正恩守護霊　それは言いにくいことだけど、まあ、ロシアと核戦争する気はないな。

里村　ない？

金正恩守護霊　それはないわあ。それは、たまらんねえ。

里村　ほう。

金正恩守護霊　もう、（ロシアは）廃棄したい核兵器、いっぱい持ってるからさ。ほんとにあれを始末したいという気持ちになったときが危険だよな。

里村　そうなんですよ。うん。

金正恩守護霊　減らしたいだろうよ。もう何千発かぐらいは〝消費〟したい気持ちで、新しいのにつくり変えたいだろうからさ。どっかで、あれ、〝消費〟してみたいだろうなあ。

里村　ええ。

金正恩守護霊　だから、そこはちょっと嫌なところがあるな。うん、うーん。

里村　そうすると、逆に言えば、これからの北朝鮮にとっては、ロシアが鍵となる国になってくるわけですね。

金正恩守護霊　うーん。だけど、まあ、今、敵対されてるからね。ＥＵからもアメリカからもね。

里村　はい。

金正恩守護霊　日本もそちらの側に属している以上は、まあ、特に心配はないねえ、うーん。

里村　いや、ですから、「日本の外交方針がグーッとロシアに向いたら」ということです。

金正恩守護霊　いや、それは無理だよ。

だから、日米関係が切れるわけないし、EUとの関係が切れるわけないし、今、中国がEUに入り込もうとしてるしなあ。接近中だから、ああ。

綾織　ロシアも、シリアや「イスラム国」問題では、NATO《ナトー》（北大西洋条約機構）とつながっていますし、アメリカとも協力し始めています。

金正恩守護霊　まあ、そういうとこもあるけど、難しい。難しいけど、でも、ロシアも、やや危険だからさ。そらまあ、そういうふうには、なかなかならんだろうな。

9　北朝鮮と中東との「連携」を明かす

要するに「大国になりたい」と言う金正恩守護霊

里村　今、第一書記が考えていらっしゃることは、どのようなことでしょうか。過去に関する話を今まで聞いてきたのですけれども、要するに、どうなりたいわけですか。

金正恩守護霊　ええ？　大国になりたいわけよ。

里村　大国と認めてほしい？

金正恩守護霊　いや、すでに大国なんだよ。

里村　しかし、核兵器で攻めたからといって、それで何か北朝鮮に、経済的なプラスがあるわけでもないと思うんですけど。

金正恩守護霊　いや、核兵器は、脅しの最大の材料だからねえ。

里村　「脅しの材料」っていうのは、使えないですものねえ。使ったら、もう……。

金正恩守護霊　使えますよ。

里村　使える？

金正恩守護霊　使える。

里村　どこで、使えるんですか。どこを相手に。

金正恩守護霊　だって、ほんとにわしが「撃ち込む」と言ったら、韓国はどうなると思ってんの。

里村　やっぱり、「韓国で使うんだぞ」という意志を示すためなんですか。

金正恩守護霊　うーん、もう降伏するしかないでしょうなあ。韓国は逃げようがないわなあ。

里村　ほお。

金正恩守護霊　わしが「撃ち込む」って言ったら、もう逃げられない。もう降伏だわなあ。降伏するわなあ。

里村　うん。

金正恩守護霊　それと日本も降伏するわな？　たぶんなあ。

「韓国と日本は滅ぼせるということだ」

立木　ただ、仮に北朝鮮が核を使ったら、例えば、アメリカが北朝鮮に対して核攻撃をするというふうに……。

金正恩守護霊　だけど、もう遅いんだよ。わしらが戦うときは、もう旧日本軍みたいな戦い方をするからね。だから、アメリカが反撃するときには、もう韓国も日本もなくなってるから。そのときには遅いからさ。

議会でゆっくり議論してからやるんだろうからさ。その前に、もうこちらは十分で勝負はついてるから。ミサイル実験はもう全部終わってるの。飛ぶの分かってるでしょ？　あの頭に小型化したもの（原爆）が載せられたら、それでもう勝負はついたのよ。

だから、韓国と日本は滅ぼせるということだ。われらが滅ぼすことを決意したら、それで滅びるんで。

「アメリカは反撃する」っていっても、すでになくなった国のために彼らが反撃するか？　自分らも撃ち込まれる可能性があるにもかかわらず、反撃するかどうか。オバマみたいな大統領や、あるいはヒラリーみたいな大統領が続くかぎり、反撃しない可能性が高いなあ。

もう韓国や日本は、この世から消えてなくなってると。ほぼ、壊滅状態と。

あと、世界各国は、それはねえ、もうヒットラー進撃のとき、ポーランドを取られても何もしなかったのと同じような状況さ。たぶんな。

里村　うーん。

金正恩守護霊　まあ、これ以上はしないだろうと。そんなアメリカの本土までは撃ち込まないだろうと。ヨーロッパまでは撃ち込みには来ないだろうと。そういうことで、「もうこれ以上はしないように」みたいな懐柔に、一生懸命、入ってくるだろうな。そのためには和解金が要るわな、何かな。

「次はイランが核ミサイルを撃つ」

里村　ただ、今、名前が出たヒットラーに関しても、第二次大戦で侵攻を始めたときには、いちおう強力な経済力を築いた上で、戦車等の軍事力を充実させることを始めたわけです。やはり、（北朝鮮は）経済力の部分で、まったく成長がないところが最大のウィークポイントでしょう。

立木　そもそも、北朝鮮は継戦能力がないですよね。資源も何もない国ですので。まあ、若干はあるかもしれませんけれども、要は、エネルギーの大部分を中国に依存している状態ですので、そんなに継戦能力はないと判断されるのですけれども。

金正恩守護霊　（約三秒間の沈黙）「核兵器っていうのは石油に頼っていない」ってことを忘れてるんじゃないか？

立木　いや、確かにおっしゃられるように、第一撃ではダメージは被《こうむ》りますけれども、ただ、核兵器を使った瞬間に、「北朝鮮は完全に滅ぼさなければならない」というう国際社会のコンセンサスができて、北朝鮮は終わってしまうというふうに思いますけれども。

金正恩守護霊　そんなことないんだなあ。それが間違いなんだなあ。終わったと思ったら、そのあと、イランがミサイルを撃つんだよ、それが！

立木　イランと同盟関係にあるというわけですか？　イランと連携ができているんですか？

金正恩守護霊　ええ？　イランがねえ、中東でねえ、ミサイルを撃ってくれるんだよなあ。そうすると、アメリカはどうするだろうねえ。大変だろうねえ。「うわあー、どうしよう。どっちと戦おうかなあー？」

里村　イランは、イスラエルに向かって……。

金正恩守護霊　そら、そうでしょう。あんなもの、滅ぼしたかろうよ。

里村　おお、おお、おお、おお。

金正恩守護霊　イスラエルは核兵器を持ってると思われてる。アラブの大義を立てればさあ、イランが撃ち込んだら、そらあアラブ各国はもう（拍手しながら）拍手喝采だわなあ?

「イランのミサイルは、うちが送っている」

里村　イランとは、そこまでの、いろいろなやり取りがあるわけですね?

金正恩守護霊　そらあ、そうでしょう。あのミサイルは、うちから送ってるんだから、しょうがないでしょう、あなた。うちのミサイルに搭載しようとしてるんだから、あっちも。うちの小型化する開発能力を使って、それでイスラエルとやろうとしてるんだから。そんなの、ヨーロッパから入るわけないっしょう？　アメリカから入るわけないっしょう？　ねえ？　うちから入ってるんですから。

立木　確かに、イランとしては、そういうふうに技術的な恩恵は受けるにしても……。

金正恩守護霊　そりゃあもう、そうしたら石油が入ってくるわなあ、当然ながらなあ。

立木　まあ、若干そういうところはあるにしても、イランが北朝鮮と運命共同体になるところまで行く必要は、全然ないかと思うのですが。

金正恩守護霊　いやいや、アラブ全部をまとめる。彼らは、「アラブの覇者」になればいいけど、私らが、ああいう「アジアの覇者」になるからさ。

里村　ただ、そのイランが、この年初から、「シーア派」と「スンニ派」の戦いでもって、サウジアラビアとも、非常に関係が険悪化しています。必ずしも一本化できるような状態ではありません。

金正恩守護霊　核ミサイルを持ったら、イランの覇権が確立するんじゃないの？あと、近場の国は、どこも持ってないからねえ。
　まあ、スンニ派であろうと何であろうと、テロじゃあ対抗できないでしょ。

里村　そうすると、カードとしては、「北東アジア」と「中東」とで、「二面作戦」

を考えていらっしゃるわけですね。

金正恩守護霊　そうそう。それだって、もう、技術的には提携してるからねえ。

里村　はい。

金正恩守護霊　石油のことは、そんなに心配してるわけじゃないですよ。ちゃんと中東から入ってくると思ってますよ。

「テロは面倒くさい。丸ごと滅ぼしたほうがいい」

里村　以前の霊言のときには、守護霊様は、「日本とか、いろいろなところでのテロを考えていらっしゃる」という考えもありえましたけれども（『守護霊インタビュー　金正恩の本心直撃！』〔幸福実現党刊〕参照）、例えば、ボストンマラソンでテロがありました（注。二〇一三年四月、第一一七回ボストンマラソンの競技中に爆弾テロ事件が発生した）。

金正恩守護霊　いやあ、もう、テロはめんどくさい。テロはめんどくさい。

里村　テロはやっていないのですか。

金正恩守護霊　ああ。めんどくさい。やっぱり、丸ごと滅ぼしたほうが早い。

里村　ほお。そうすると、今も、テロ計画というのは考えていないのですか。

金正恩守護霊　ああ、もう、堂々とミサイル攻撃でいきたいな。

里村　ああ、なるほど。それは、「核技術が確立するまでは」ということですか。

金正恩守護霊　だから、日本全部を潰すかどうかは別にして、日本の一地域を蒸発させるぐらいはいいんじゃないかな。そしたら、あと、残りの部分からいくらでもせしめられるでしょう。

「イスラム国」との関係はどうなっているのか

里村　ちょっと待ってください。先ほどのイランの話に戻ると、「テロなんかにはこだわらない。そんなのは小さなことだ」とおっしゃるのは分かるんですけれども、今、中東のほうでは、ＩＳ、いわゆる「イスラム国」のテロ問題が出ています。そういう、必ずしも北朝鮮と相性がいいとも思えない勢力もありますけれども、こういうものについては、どのようにご覧になっているのですか。

金正恩守護霊　いや、そんなこともない。相性は悪いとは言えないよ。

里村　ほお。なるほど。

金正恩守護霊　うーん。やっぱり、いろいろと接触してきてるよ。

里村　接触ですか。

金正恩守護霊　やっぱり、「援助してくれ」っていう、接触は来てるよ。

里村　ああ……。

金正恩守護霊　うん。向こうは、「敵は一緒だろう?」って言ってますから。接触してきてるよ。

綾織　その援助というのは、何についてですか。

金正恩守護霊　ええ？　それは武器でしょう。

綾織　武器ですか。

金正恩守護霊　うん。武器が必要ですから、彼らにはなあ。だから、向こうも、「自分らが版図《はんと》を広げれば、勢力圏を広げれば、もちろん油も手に入るよ」って言ってるからねえ。

綾織　そのなかに、核技術も入るのですか。

金正恩守護霊　まあ、今のところ、核までは要らないレベルだとは思うけども、少なくとも、戦術レベルでの戦いができるようにと。うちも、武器の輸出はいくらでもできるし、収入にもなるんでなあ。

里村　「イスラム国」には、かなり原理主義的なイスラム教信仰があるわけですけれども、そのあたりについては、第一書記としてはどうなのですか。

金正恩守護霊　うーん、まあ、今のところ、そんなに関係は深くないから、「宗教的にどうこう」っていうことは、あんまりないわな。うちはもう、金日成《キムイルソン》を教祖とする〝宗教国家〟だから。

里村　「主体《チュチェ》思想」（注。金日成が唱道した、民族の自主性を維持するため、人民は絶対的権威に服従しなければならないとする思想）ですね。

金正恩守護霊　うん。あるからねえ。これが固まってるからね。イスラム教が流行《はや》るとは思えないけど。

10　金正恩の「正体」を探る

霊界の誰から指導を受けているのか？

綾織　今、金日成《キムイルソン》氏のお名前が出ましたけれども、霊界にいらっしゃっていて、どういう方から、戦略を語られたり、アドバイスを受けたりしていますか。

金正恩守護霊　うーん、「世界神」じゃないかなあ。かつて、世界では、英雄が何人か出たわなあ。アレクサンダーとかねえ。

里村　ほお。

金正恩守護霊　ナポレオンとか、そういう、世界を股にかけて大進撃した人たちなあ。近くは、ヒットラーとかね。そういう英雄たちを生み出した神が、やっぱり、私を直接に指導してるような気がするなあ。

里村　守護霊様ですので、正直ベースでいきたいんですけれども、「主体《チュチェ》思想」から言ったら、「世界神」とは、要するに、金日成国家主席からのご指導がいちばん多いということでしょうか。あるいは、ほかからもあるのですか。

金正恩守護霊　そらあ、もちろんありますけどね。ありますけど、やっぱり、何て言うか、私がやろうとしてる革命は、君たちみたいに小さいもんじゃなくてだなあ、世界の数千年の歴史を変えるための革命だからね。

里村　その革命は、どういうものを、どのように変えるものでしょうか。

金正恩守護霊　だから、「朝鮮半島が世界を牛耳《ぎゅうじ》った」っていうことは、歴史上ないわけよ。それをやろうとしてるから。

綾織　先ほど、「ヒットラー」という名前が出ましたけれども、今回、核実験自体が奇襲的なもので、何となくその影響もあるのかなと思いますけれども。

二十年以上前から「北朝鮮の危険性」を言っていた幸福の科学

金正恩守護霊　君らは一九九〇年代から北朝鮮の核開発について、「危険だぞ」とか言ってたんだろ?

里村　そうです。九〇年代の初期です。

金正恩守護霊　その情報は入ってる。（君たちは）〝変てこ〟な映画もつくって、なんか警告してたんだろ（注。映画「ノストラダムス戦慄の啓示」〔製作総指揮・大川隆法。一九九四年公開〕）。

里村　いや、〝変てこ〟ではないですけれども（苦笑）。

金正恩守護霊　でも、日本人は全然きかなかったんだろ？　それで、政党を立ち上げて、「北朝鮮の核ミサイルに警戒しろ」みたいなのを立てたら、みんな落選したんだろ？

だから、日本国民は北朝鮮を容認する方向に民意を示したわけよ。君たちのように、北朝鮮を脅威と見る見方に対しては、極《きわ》めて支持が低く、二パーセント以下の支持しか、永遠に与えないつもりでいるわけよ、マスコミも含めてな。

里村　ただ、それは、ある意味で、預言者的立場というか、先見性がある言葉なので、なかなか大衆の理解がいかないのは、どの時代でもあるんですよ。

金正恩守護霊　いや、「預言者」というのは「負け犬の遠吠え」だな。

日本のマスコミに対しては「ありがたい」

里村　しかし、今回の水爆実験成功と、近年の金正恩第一書記の動き等でもって、「脅威というものが存在する」という考え方が、日本人のなかに、かなり入ってきているのは間違いないと思います。

金正恩守護霊　いやあ、せっかく「水爆実験をやった」と言ってるのに、「あれは水爆じゃない。原爆だ」って、日本のマスコミは一生懸命打ち消してくれてて、ありがたいねえ。ほんとにありがたいわ。

里村　うーん、なるほど。

金正恩守護霊　ほんと、よっぽど寝首をかかれたいんだろうね。

里村　日本のマスコミが〝オウンゴール〟をどんどんやっているわけですね。

金正恩守護霊　夜ね、鍵を閉めてあるやつを開けて歩くんだなあ。便利で、いいマスコミだわ。日本は〝民主主義〟を永遠に手放さないようにしたほうがいいね。

ヒットラーの指導を受けているのか？

里村　まさに、先ほど、綾織からもヒットラーの話が出ましたけれども、ヒットラー台頭のときのヨーロッパがそういう感じでした。マスコミが、ドイツの脅威を小さく見よう、低く見ようという世論《よろん》をつくっていたと思います。

金正恩守護霊　そしたら、自分らは何もしないで済むからね。

里村　そして、そういう世論の支持を受けた政治家が、イギリスでもフランスでも、宥和政策でもって、結局、ヒットラーに道を開いたわけです。

金正恩守護霊　いや、別にヒットラーをどうこう言うわけじゃないけれども、政治的に権力を握って、覇権主義を唱える者がやることはみんな一緒さ。誰だって一緒だよ。一緒のことをするさ。

里村　そうすると、今、守護霊様にはそういうヒットラーとかの……。

金正恩守護霊　私がすることは、ヒットラーが北朝鮮に生まれてもすることだろうし、ナポレオンが生まれてもすることだし、アレクサンダーが生まれてもすることですよ。

綾織　そこはちょっと別にして……。

金正恩守護霊　一緒だよ、一緒だよ。

里村　ナポレオンとアレクサンダーがそうかどうかは、まったく違うと思います。

金正恩守護霊　ナポレオンだったら、たぶん北京《ペキン》も占領するだろうね、きっとね。

里村　それはですねえ……。

金正恩守護霊　そりゃするよ、そりゃするする。

霊界での指導者について、はぐらかす金正恩守護霊

綾織　実際、どなたとそういう作戦会議のようなものをされているのですか。金日成氏以外で、どういう方が話していますか。

金正恩守護霊　私自身が神だから、そんな会議をする必要はないけどね。まあ、応援者は多いような気がする。

里村　応援者は多いような感じがする？

金正恩守護霊　うん、うん。やっぱり、過去、世界帝国を目指して、志半《こころざしなか》ばで潰《つい》

えた人々がね、「おまえこそ、最後の……」、なんかイスラム教みたいだな。「おまえこそ、最後の預言者、最後の救世主、最後の権力者だ。だから、われわれの無念を晴らすべく、世界帝国をつくれ」と。まあ、そういう声がいっぱい聞こえてくる。

里村　うーん。この場は、ある意味で、守護霊様にとってもＰＲの場でもあるので……。

金正恩守護霊　笑うなよ。

里村　いや、いや。ぜひ、その「いっぱい」というのを……。

金正恩守護霊　え？　え？　最高権力者に対して笑ったら、おまえ、即処刑なんだよ、知ってるか？

里村　すみません、すみません。守護霊様のＰＲの機会ですから、「いっぱい」という方の名前を教えて頂ければと思います。

金正恩守護霊　いっぱい出したよ。とにかく、世界史の教科書に載ってる偉人は全部、わしの指導霊だと思って間違いない。

綾織　例えばどなたですか。

金正恩守護霊　うん？　何が？　うーん、まあ……。

綾織　ヒットラー以外ではいますか。

金正恩守護霊　おまえに知ってる名前があるんか、ほかに。

綾織　悪魔の名前はそんなに知らないですが。

金正恩守護霊　悪魔なんて決めつけるなよ。だから、別に権力者のやることは、みんな一緒なんだから。弱いやつが言うことも一緒だけど、権力者が言うことも一緒なんだからね。

綾織　ただ、権力者でも、何を考えているかは全然違いますからね。

「意外にレーガン大統領と似てるかもしれん」

金正恩守護霊　いやあ、意外にあれかもしらんよ、アメリカのレーガン大統領なんか、私とよく似てるなと思うことあるからさ。なんか、指導霊のなかに入ってるかもしれないなあ。

里村　ええ!? ちょっと待ってください。「レーガン」という名前が、なぜ出てくるのですか。

金正恩守護霊　だから、自分の国以外、みんな悪魔なんだろ?

里村　いや、いや、いや、いや。ソ連を「悪魔」と言ったんです。

金正恩守護霊　だから、レーガンが北朝鮮にいたらね、韓国も悪魔だし、日本も悪魔だよね。言うことをきかなかったら、中国も悪魔だし、アメリカも当然悪魔だよな。どこでもいいんだろうからさ。

里村　いや、いや。それはかなり違うと思うんですよね。

確かに、レーガン大統領は共産主義に抵抗して、ソ連を「悪の帝国」「悪魔の帝国」と呼びました。しかし、一方で、西側の国々、イギリスやフランス、日本も含めて仲良くしていたのです。特に、日本の当時の首相だった中曽根《なかそね》さんとは、非常に仲良くしていました。

そういう意味では、「独裁主義」、「全体主義国家」の封じ込めというものをやって、成功したわけですよね。

金正恩守護霊　自分が〝独裁国家〟だったんだから、まあ、しょうがないよ。

里村　いや、ただ、アメリカの大統領っていうのは、民意で選ばれ、そしてまた、任期が最大で八年で。

金正恩守護霊　いや、私も民意で推《お》されてるからね、今ね。まあ、支持率を取ったら九九・九パーセントは、私を支持するでしょう。

綾織　国民は正直に言えないですよね。

金正恩守護霊　残りの零コンマ一パーセントは殺されるからね、それは。

里村　レーガン大統領のお名前が出たっていうことは、やっぱり、ああいう本当の人気が欲しいというお気持ちがあるんですか。

金正恩守護霊　いや、人気があったほうが。まあ、彼は本当に、戦争大好きだったからねえ。やる気満々だったからねえ。

里村　まあ、ある意味で、それを辞さないという姿勢を示しつつ、ソ連を一部崩壊させました。

金正恩守護霊　だから、今は米帝とのね、冷戦に入ってるわけよ、うちは。この冷戦に勝つには、やっぱり高度な科学技術でもって対等に戦えること。〝刺し違える〟覚悟があれば勝ち抜ける。お金は近隣の国から取る。

「若いからケネディにもよく似ている」

里村　例えば、アメリカの大統領のなかで、あなたが、好きだとか、憧れてるとか、そういう方はいらっしゃいますか。まあ、アメリカでもイギリスでも結構ですけども。

金正恩守護霊　わしなんか、若いからケネディにもよく似てると思うんだなあ。

里村　はあああ……。

金正恩守護霊　ケネディなんか、わしと一緒で人気があっただろう。

里村　いや、ケネディ大統領が人気があったのは事実ですが。

金正恩守護霊　うん。わしも人気があるからさあ、若いから。若いし、かっこいいだろ？　ナイスガイだからさあ。女性からも、すごくもてるしさあ。

里村　まあ、主観と客観の違いはあるんですけど、まあ、主観的にはそうだと。

金正恩守護霊　うん、まあ、ケネディ、レーガン。このへんは似てるねえ、わしにな。

里村　まあ、要するに、「リーダーシップ」という部分ですね？　強いリーダーシップ。

金正恩守護霊　うーん、決断力だな。

里村　ゴルバチョフはどうですか。

金正恩守護霊　いや、あれは弱いわ。

里村　弱い？

金正恩守護霊　うーん。あれは、あかん。あれは駄目だ。

里村　では、イギリスのサッチャー首相などは？

金正恩守護霊　サッチャーねえ、うーん……。まあ、フォークランドかなんかで、ちょっと攻撃したぐらいの小さい戦いだなあ。だから、サッチャーよりは、チャーチルのほうに似てるんじゃないかなあ。

里村　ああ、チャーチルっていうことですねえ。

金正恩守護霊　うん、ずばり、あちらのほうに似てるかもしらんなあ。

里村　そうすると、「強いリーダーシップ」というものに憧れて、今、そういうスタイルを……。

金正恩守護霊　いや、「憧れて」じゃなくて、「同じものを持ってる」と言ってるだけだから。憧れてるわけじゃない。すでに持ってるんだ、もう。

里村　なるほど。

金正恩守護霊　彼らが持つよりも早い時期に持ってるんで。無限の可能性を持ってる。

11　日本の「安保法制反対運動」をどう見ているか

日本に行ったら捕まるから、「行くわけがない」

里村　だんだんお時間も迫ってまいりました。たぶん、今お忙しいでしょうから……。

金正恩守護霊　忙しくないよ。

里村　ええっ!?　だって、あれだけの……。

金正恩守護霊　サインしたら終わりだから、仕事は。

里村　しかも、明日は三十三回目の誕生日を控えていらっしゃって。

金正恩守護霊　いやあ、それは毒殺されないように気ぃつけないかんからさ。

里村　（苦笑）やっぱり盤石《ばんじゃく》ではないわけですね、体制が。

金正恩守護霊　いや、もし、そういうやつが紛れ込んだらいけないからさ。ちょっと気をつけないかんから。

里村　例えば、仮に日本から、「日本に来ませんか」と、お誘いとかがあったら……。

金正恩守護霊　行くわけないでしょう?　そんなもん。

里村　盤石の体制でもって、それだけの自信があったら……。

金正恩守護霊　まあ、先ほど言った、傀儡《かいらい》政権に使おうとしてた、あいつなあ。

里村　金正男《キムジョンナム》?

金正恩守護霊　うん、あれはディズニーランドを見に行ってて、取っ捕まったんだろ?　あんな、かっこ悪いことをしたから、後継者から排除されたわけだから。そういうかっこ悪いことは、見せるわけにはいかんわなあ。

里村　うん、うん。

金正恩守護霊　日本だって、この軟弱な国でもさあ、何じゃかんじゃ言いがかりつけて、捕まえることはできるからなあ。そんなことになったら、世界の大指導者が恥をかくじゃないか。なあ？　わしが東京で捕まってるときに、東京に核ミサイルを撃ち込めんじゃないか。

里村　なるほど。自らが人質になっちゃうわけですもんね。

金正恩守護霊　うん。絶対それは駄目だなあ。

里村　日本人一億人と、引き換えにですね？

金正恩守護霊　まあ、代わりに死んでくれる人はいくらでもいるからさあ。そういうんだったら送ってやってもいいかなあ。

「辺野古《へのこ》移転反対」や「原発反対」は応援したい

里村　今日、いろいろな考えをお聞かせいただきました。二〇一六年は、いきなり世界を驚かせましたけれども、これから、どういう計画を持っておられますか。

金正恩守護霊　まあ、日本に関しては、沖縄のな、米軍基地の辺野古《へのこ》移転反対、普天間基地反対？　これは、自分たちの大好きな民主主義の名の下《もと》に、住民の意思を尊重して、成し遂げて、米軍をハワイやグアムに撤退させてやること。私は民主主義の支持者だから、そちらを応援しておきたい。

それから、原発反対運動な？　これも〝実にいい運動〟なので、民意をやっぱり吸い上げて、まあ、そういう東京新聞や朝日新聞が言うように、本当に反対のほうに回って、ちゃーんと原発を廃炉にしたい。特に、日本海側の原発等は廃炉にしないと、わしが、いつミサイルを撃ち込むか分からんからなあ。もう、命の危険があるから、早く廃炉にしてしまって。日本は、石油に全部頼らないと生きていけないようにしといたらいい。そしたら、中国が途中で（シーレーンを）通せんぼしてくれて、君らは飢え死にすることになっとるから。

里村　ほう。

日本への情報工作は「韓国や中国がやっている」

綾織　そのへんについては、先ほど、「姑息《こそく》な工作はしない」という話でしたけれども……。

金正恩守護霊　ええ？

綾織　実際には、日本に対して、そういう、何らかの情報工作をやっているのですか？

金正恩守護霊　いや、今は国際政治学的に分析しただけのことだから。「わしが、そうしたい」と言っているわけじゃなくて、「日本の民主主義政治っていうのはそういうもんだろう？」って言ってるだけですから。

里村　「そうなればいいな」ということですね？

金正恩守護霊　うーん、なるんじゃないの？　いや、それが日本の正義だろう？

里村　そのための〝仕掛け〟というのは、どうなんですか？　そういうものは、やはりやっていかれるわけですか？

金正恩守護霊　〝仕掛け〟はねえ、意外に、わしじゃなくて、韓国や中国がやっとるからさあ、一生懸命。面白いよ。

里村　ああ、第一書記ではなくてですね？

金正恩守護霊　うーん、わしは、直接はやってないよ。でも、韓国や中国の密偵はやっとるよ。

里村　なるほど。

金正恩守護霊　彼らは、自分たちの利害にそれが適うと思ってるからさ。

「日本にはアホがいっぱいいる」

里村　そうすると、日本では、今年の七月に次の参議院選挙があるんですが、それに向かって、安保法制反対の政策等を主張する政党もあります。こういう政党などは、第一書記からご覧になると、非常に〝いい動き〟をしているわけですか？

金正恩守護霊　まあ、はっきり言えば、狂っとるとしか見えないよ。わしから見たら、バカと違うかと思うけど。ＩＱ一〇〇はないよね？　少なくとも。バカだわな。こちらでは、もう「水爆実験までしてる」っていうのに……。

里村　（苦笑）

金正恩守護霊　それで、安保法制反対？　もう本当にバカだろうね。これを選ぶやつの顔が見てみたいわ、国民の。そして、これを支持する新聞社やテレビ局の役員の顔が見てみたいけど、「そういうアホが、日本にいっぱいいる」っていうことは、ありがたいことじゃないか。だから、「東京大学が没落しとる」っていうのは意味があると思うんだよ。

里村　はあ……。

金正恩守護霊　日本の〝リーダー養成学校〟は、みんなもう駄目なんだろうと思うよ。うちの大学に来たら、こんなことはないですよ。まずありえない。ありえないことですから。だから、もう日本は駄目なんだと、本当に思うよ。

だけどねえ、安倍派が勝ったところで、どうってことはないんだよ。勝ったところで、実際、ほとんどできやしないから。ほんのちょっとだな。アリの一歩ぐらいしか進みやしないからさ。どうせ、アメリカに「代わりに戦ってください」って言うだけでしょう？　それで、代わりに戦ってもらうために、アメリカに、一生懸命、貢ぎ物をしなきゃいけなくなってさ、ＴＰＰだか何だか知らんが、日本の農業・漁業が全滅するような方向にやって、そして、票を減らしていきゃあ、また負けるんだ、そのうちな。まあ、どうせ一緒だよ。

里村　ほう……。

「韓国は、経済的基盤は無傷のまま併合したい」

綾織　対韓国では、何を考えていますか？

金正恩守護霊　韓国？

綾織　はい。

金正恩守護霊　これは、もう併合するつもりでいるので、どういうかたちで併合するか。「できるだけ、経済的な基盤は、無傷のままで吸収したい」とは思ってるけどねえ。

里村　そうですね。韓国経済の工場とか……。

金正恩守護霊　うん、それは、いちおう残したほうが、わが国にとっては有利なのでねえ。

里村　ああ、では、韓国は財閥経済ですが、財閥等は、そのまま……。

金正恩守護霊　うん、だから、こちらがオーナーになりゃ、それで済むことだからね。

綾織　先ほど、韓国の朴槿恵《パククネ》大統領のことをおっしゃっていましたけれども、次の大統領を狙っている潘基文《パンギムン》国連事務総長が、この前、「平壌《ピョンヤン》に行きたい」というようにおっしゃっていたと思うんですが……。

金正恩守護霊　いや、来たらいいよ。うん。来たらいいよ。

綾織　この方については、どう思われていますか。

金正恩守護霊　いやあ、手懐けてやるから、来たらいいよ。ええ格好しいの、名誉心の塊だろう？　だから、名誉心のところだけくすぐってやりゃ、いくらでも操縦できる男だからさ。そらあ、もう韓国から見りゃあ、国連の事務総長だったら、ものすごい優秀でなあ、有名で救世主みたいな人だと思うとるんだろうから、据えてみたらいいよ。わしの前には、もう百分の一の力もないことが、はっきり分かるからさあ。なーんにも、何にも決められない。全部、「国連に、国連に」って言っていくわ。ハッ！　なーんにもしてくれないよ、国連なんか。

「中国は、いずれ、うちを頼りにするに決まってる」

里村　今、韓国に関する見方は分かりました。そして、中国に関しても、いろいろとお伺いしましたけれども、それでも、今まで中国は、ある意味で、北朝鮮最大の経済援助国でもありました。その中国の経済が、今、もう年初からガタが来ているのが明らかになってきていますけれども、このへんについてはどうなんですか？

金正恩守護霊　いやあ、ガタが来てるったって、日本よりはずっといいんだからさ。まあ、どうってことはないし、中国は、いずれ、うちを頼りにするに決まってるからさ。だって、韓国・日本を牽制するのに、こんな有利な手はないでしょう？　だって、彼らが南方戦線……。

もうかつての日本軍と一緒よ。南方進出するためにはねえ、韓国・日本を押さえなきゃいけないんですから。これを押さえなかったら南方進出できないじゃないですか。南方進出してさ、そして、ペルシャ湾まで行こうとしてるんでしょう？　攻めていこうとしてるんだからさ、絶対こちらは大事なんだから。まあ、アメリカの牽制にもなるし、日本・韓国を押さえ込む力が、絶対、必要だから。

いや、コロッと変わるよ。それは、外向きにね、ＥＵとかアメリカにいい格好するために、ちょっと見せてるだけで、やつらは圧力と言っても、本当にかけたことはないから。口だけで、報道官みたいに、全部、いつも嘘を言うからさ。だいたい言っていることの反対が真実だと思っとれば、間違いないわ。

12　「水爆を持ってる国に勝ち目はないと知りなさい」

ロシアが二〇一六年の「カギ」となるのか

里村　今日は、第一書記から、大きな見取り図を、いろいろとお示しいただいた気がするんですけれども、改めて、二〇一六年は、これからどのようにしようと、あるいは、世界をどのようにしようと思っておられますか。

金正恩守護霊　だから、戦後は、国連の五つの常任理事国、水爆を持ってるという常任理事国が世界を引っ張ってきた七十年だったんだろうけれども、五つ合わせて束になって、北朝鮮と拮抗《きっこう》する年になるだろうね。

里村　ただ、そのなかで、ロシアの存在、特にプーチン大統領の存在が、ある意味で唯一気がかりということですか。

金正恩守護霊　いやあ、でも無理だよ。ロシアを巻き込もうとしても、ロシア自体が〝問題児〟だからね。ロシアと組むっていうことは、欧米の価値観が狂ってくることになるから、結局、価値判断ができなくなるからさ。結局、それは、もう無駄なことだな。

むしろ、ロシアが、うちと提携する可能性のほうが高いかもしれないなあ。

里村　欧米の価値観と関係のない日本の立場であれば、ロシアとの関係も、また違ってきます。

金正恩守護霊　うん？　日本の立場で？

だけどなあ、ロシアが、「日本を護ってやるよ。北朝鮮から日本を護ってやるよ。その代わり、日米安保は破棄しなさい。日露安保に変えよ」と言ってきたとき、日本はどうするんだい？　できるのかい？

里村　なるほど。「日米安保の破棄」というものが出てくるかどうかは分かりませんけれども。

金正恩守護霊　そうそう。「日露安保があれば護れるでしょ？　危険なのは北朝鮮と中国ぐらいでしょう？　これらを牽制できるのはロシアです。背後から、核兵器一万発を持って（護って）ますよ。そうしたら、もう、核攻撃はありませんよ。あと、経済力は、自力で頑張ればいいことですからね」と言えばね。

ロシアも経済的に苦しいから、日本の経済力をあてにしてるところはあるなあ。

里村　そうですね。

金正恩守護霊　そしたら、まあ、アメリカ以外の力をつくれるからねえ。だから、ロシアをわれわれの敵にしようとしても、そう簡単にいかないだろうとは思うけどなあ。

「北朝鮮国民の幸福」をどう考えているのか

里村　なるほど。

まとめますと、要するに、今回、一月六日に、「水爆実験は成功だ」と発表したことには、「体制が盤石《ばんじゃく》になった」ということと、「その権威は、祖父と父親を越えた」ということを世界に示すためにやったということであり、ただ、内側においては、やはり、まだまだ暗殺等を恐れる部分はあると。

金正恩守護霊　安倍だって、暗殺の危機はあるわけですからねえ？　偉そうに……。

綾織　北朝鮮とは比べものになりません。

立木　周辺のいろいろな国のことを言っていただきましたけれども、第一書記からして、「北朝鮮の国民のみなさんの幸福」というのは、どのようにお考えなのでしょうか。

金正恩守護霊　いやあ、もう、みんな幸福なんじゃない？

里村　いやあ……。

金正恩守護霊　ほんとに、偉大な指導者を持つことほど、国民の幸福はないですよ。

里村　地方での餓死者の数は、まだ、そうとうなものに上っていると……。

金正恩守護霊　それはねえ、西側が流してるデマ情報なんだよ。正確な情報なんか、何にも入ってない。だって、取材させてないもん。あるわけない。

里村　いやいや、われわれも、北朝鮮から脱出した人に直接取材をして、話を聞きましたから。

金正恩守護霊　いや、それは嘘つきだ。脱出した人は、韓国とかで逆洗脳されて、悪口を言うように言われてるから、そんなやつは信じちゃいけない。

里村　その方は女性ですけれども、「彼女の友達のお母さんは、映画『００７』を観たというだけで、「公開で銃殺された」という話を聞きました。

金正恩守護霊　だから、そういうつくり話は、いくらでも可能性はあるから。そんなの、私だって観れるんだからさ。

里村　いやいや、それは、第一書記はお好きだから観るでしょうけれども……。

金正恩守護霊　そんな映画館ぐらい、自宅にいくらでもありますから、観てますよ。

里村　第一書記は、お好きだからご覧になるんですよね？

金正恩守護霊　全然銃殺されませんよ、私は。

里村　いや、それはそうですよ。国民を銃殺しているわけですから。つまり、「国民の幸福」ということに関しては、もう「みんな幸福ではない」かと。

金正恩守護霊　いや、幸福ですよ。こんな偉大な指導者を持って幸福だ。日本みたいに、選挙で延々とやって、国会で延々と悪口を言い合わないと、何にも決まらないし、さらにマスコミに延々と悪口を言われて、それでやっとこさ少しだけ動いていくような国に生まれた人は、不幸だわなあ。

幸福実現党の惨敗は「国を守る気概がないということだ」

里村　小国というのは、しかたがないかもしれないです。

金正恩守護霊　小国はおたくのほうだよ?

里村　小国が、周りの国を脅しつつ、存在を保とうとするのは、しかたがないことかもしれませんけれども、北朝鮮に未来はありますか。

金正恩守護霊　私が、「次の大東亜共栄圏」をつくりますから。

里村　ほお。

金正恩守護霊　ええ。〝日本の遺産〟な？　日本が実現できなかった大東亜共栄圏を、かわいそうなかわいそうな日本のために、私が代わってつくってあげよう。そのなかに君たちも入れてあげよう。

里村　大東亜共栄圏は、極めて精神性が高いものなんですけれども、しかし、第一書記の武器の一つは、核兵器……。

金正恩守護霊　いやあ、まあ、「主体思想《チュチェ》」もあるわなあ。

里村　「主体思想」ですか。

金正恩守護霊　うーん。まあ、とにかくだねえ、君たちも革命を試みたんだろうけれども、政党（幸福実現党）を立ち上げて、惨敗が続いているがゆえに、「日本はもう自滅した」というふうに判断されるということだな。日本は、国を護る気概がないということだから。まあ、終わりだ。

里村　ただ、明治維新も、黒船が来てから十三年ぐらいかかっております。（立党から）六年ぐらいですから、まだまだ、これからが出番です。

金正恩守護霊　言い訳はいくらでもできるよ。実際、候補者が二千票ぐらいしか取ってない政党なんて（笑）、そんなもん、民意を得てるとは言えないよ。

里村　「民主主義の革命」には時間がかかるんです。どうしても民意が……。

金正恩守護霊　いや、いや。言い訳、言い訳。

里村　「刀」と「銃弾」でもってやるわけにはいかないんです。

金正恩守護霊　やってるうちに金が尽きるんだよ。金が尽きるから。

里村　いや、そこはご心配なく。われわれは続けていきたいと思っています。

綾織　ご自身の心配をされたほうがいいと思います。

金正恩守護霊　いや、私は若いからね。

綾織　今日は、〝ご気分がよろしい〟とは思うのですけれども、実際には、その足元の部分で、見えていないところはたくさんあると思います。

金正恩守護霊　いや、安倍だって、伊勢神宮へ行って帰ってきてるけどさ、あんなもん、暗殺しようと思えばいくらでもできるんだよ。われわれは、泳がせてるだけだからさ。

里村　ただ、民主主義国では、暗殺しても、次のリーダーが出てくるので、あんまり起きにくいんですよ。

金正恩守護霊　うん。だから、平凡なんだよね。凡庸でね。指導者、要らねえんだよね。

里村　凡庸かもしれないけれども、その凡庸のつながりが、実は、非凡なるものをつくるというのが「民主主義の強さ」なんですよね。

金正恩守護霊　うーん。だからなあ、あんた（里村）でも、明日からでも安倍の代わりは務まるのよ。だけど、あんたにはねえ、私の代わりは務まらないのよ。これがねえ、やっぱり、「実力を重視する国か、そうでないか」を、はっきり分けるところだな。

里村　私は、自分の叔父さんを対空機関砲で殺すような、体をバラバラにするようなことはできません。

金正恩守護霊　それは、歴史に名を遺す偉大な英雄しかできないね。

里村　なるほど。そういうふうにお考えですか。

金正恩守護霊　うん。

里村　今日は、世界が騒然とするなか、来ていただいて、第一声を聞かせていただきました。

金正恩守護霊　負け犬の遠吠えしかできない政党を持ってるところは、まあ、吠えるだけが使命だから。どうせ、また、みんな玉砕なんだろ？　ほんとにかわいそうになあ。

私たちも協力してやりたいんだけどなあ、何とかなあ。おまえたちが、「ここにミサイルを撃ち込んでくれれば、わが党は勝てる」とか言ってくれたら、ちょっとぐらい協力してやりたいんだがなあ。

里村　でも、こういうかたちでお言葉を聞かせていただいて、それをまた、世に問うというかたちになりますので、まあ、ある意味で協力していただいていますので。

金正恩守護霊　でも、「世に問う」ったって、読んでくれないんでしょ。日本も唯物論国家だからね。かわいそうだねえ。

里村　ここは、私たちも、時間をかけつつ、変えていきたいと思います。

金正恩守護霊　まあ、アメリカの覇権は、もう終わったからね。だから、自分たちで、ちょっとは知恵をめぐらせて、「どうやって生き延びるか」を考えなきゃいけないよ。そのときは、私のところに朝貢しに来るのも一つの案だからね。

中国は、そんなに怖くないから。習近平《シージンピン》のほうが暗殺される可能性は、私の百倍ぐらいあるから。

日本の左翼が「水爆ではない」と言っているので「安心してる」

里村　ええ。まあ、そういう部分は確かにあると思います。

いずれにしても、二〇一六年、世界に向けての金正恩第一書記の守護霊様から第一声を頂きました。

金正恩守護霊　「もう世界を征服できる力をつけつつある」ということを、新年早々、お知らせ申し上げたということだな。

だから、中国も震《ふる》え上がっているんだということですよ。ねえ？「もしかしたら、広島の原爆の何千倍もの力があるかもしれないものが撃ち込める」ということだから。中国も近いからねえ。逃げられないよ。

里村　分かりました。

金正恩守護霊　ハハハハハ。

里村　まあ、せいぜい、明日のお誕生日の食べ物に気をつけて、お祝いしていただきたいと思います。

金正恩守護霊　君もねえ……、あっ、君は下痢したほうが体にはいいのかもしらんがな。

里村　いや、いや、いや（苦笑）。私の体は結構でございます。

綾織　あなたがおっしゃっている正義というものを、今日はお伺いしたのですが、今後、それを「阻止する力」が働いてくるということになると思いますよ。

金正恩守護霊　いやあ、北朝鮮だって国を護《まも》りたいし、イスラエルだって護りたいんでしょ？　イランだって護りたい。日本だって護りたい。アメリカだって護りたい。どこも、自分の国を護ることを正義としてる。

綾織　「国を護る」という部分はいいと思います。

金正恩守護霊　「歴史は勝者のほうに傾いていく」ということだな、流れは。

里村　それについては、どうか、ご自身も、常に忘れずに考えていただきたいと思います。

金正恩守護霊　水爆を持ってる国にね、君、勝ち目はないんだということを知りなさいよ。

里村　日本国民は、少なくとも、この事実を厳粛に受け止める必要があると、私は思います。

金正恩守護霊　一生懸命、左翼が、「水爆なんかできてない、できてない」って言い続けて、おたくの左翼反対政党のほうも、そうやって言い続けて、一生懸命、「平和でいきましょう」って言ってくれるから、安心してるよ。

里村　今日は、そのへんの日本のウィークポイントも、本当によく教えていただきました。

「わしの霊言をＮＨＫでも流せばいい」

金正恩守護霊　わしの講義は、いつも勉強になるだろう。

里村　ええ、本当に、たいへん勉強になりました。

金正恩守護霊　ＮＨＫは、なんで取材に来ないのかなあ？　ほんとなあ。

里村　まあ、怖いのかもしれませんけれども……。

金正恩守護霊　じゃあ、この霊言ぐらいしか……、まあ、体は（北朝鮮に）置いとかなきゃいかんでさ。これ、できねえんで。

綾織　唯一、海外に行けるときですね。

金正恩守護霊　だから、霊言でもＮＨＫで流しゃいいんだなあ。私の本心が分かるのになあ。

里村　そのように掛け合ってまいります。

金正恩守護霊　うん。

里村　はい。今日は、一時間半にわたって、第一声をお伺いしました。本当にありがとうございました。

金正恩守護霊　はい、はい、どうも。

13　金正恩守護霊の霊言を終えて

大川隆法　（二回手を叩く）ご機嫌なようでございます。何か、おもちゃを扱っているような感じですね。まあ、ずいぶん放置したものです。

里村　ええ。

大川隆法　私は、一九九四年ぐらいから述べていたと思います。東京ドームでの説法で、北朝鮮の核兵器の怖さは言ったはずなのですが（『ユートピア創造論』第4章「異次元旅行」〔幸福の科学出版刊〕参照）、二十年以上たって、まだ、どうにもできないでいます。

安倍さんにしても、拉致被害者の会の活動で有名になって、有力政治家になったのですが、別に、連れ帰っているわけでもないし、解決もしていません。結局、何もできていないのです。

里村　はい。

大川隆法　さらに、去年の戦後談話（安倍談話）あたりから、また、左翼に配慮していますね。「左」に配慮して、「左」の言うようなことを一部取り込んで、選挙で勝てるように方針変換をしています。

従軍慰安婦問題なども、本心ではないでしょうが、認めるようなかたちにして、左勢力を取り込みに入り、何とかやろうとしているような感じです。

このへんを見ると、自分の思ったとおりにできる人からすれば、軟弱にしか見えないということでしょう。

まあ、幸福実現党は、立党以来、北朝鮮の危険を言ってきたし、中国の危険性、習近平体制の危険性もずっと言ってきました。それが、そのとおりになっているのですが、そうなっているにもかかわらず、それを正当に評価しようとしない国民性もあります。

また、オバマ大統領についても、（七年前の就任当時に）「大歓迎」でやりたいところを、私は、「けっこう危ないですよ。これから傾いていって、アメリカは超大国から落ちるかもしれない」という警告をしました。それも、実際、そのとおりになってきているのですが、残念ながら、自分に正直でない方が多いようではあります。

里村　はい。

大川隆法　まあ、預言者なのか、負け犬の遠吠えなのか知りませんが、言える範囲で、自分が正しいと思うことは言おうと思っています。

はい。それでは、ありがとうございました（手を一回叩く）。

一同　ありがとうございました。

あとがき

北朝鮮の最高指導者、金正恩氏の守護霊インタビューを伝えるのは、これで四回目である。

世界のどのマスコミよりも早く、本心インタビューをしたつもりである。

本書がアジア太平洋地域を巡《めぐ》っての安全保障を考える上で、最新・最高のテキストになることは間違いない。

まず彼の本心を知ることから日本の国家戦略も再構築なされねばなるまい。

日本の羅針盤《らしんばん》となり、世界の北極星となるべく、私は本書を緊急出版する。世界を救うために、二千書以上の本を発刊した著者の赤心《せきしん》（まごころ）を軽くは見てほしくない。今が正念場《しょうねんば》である。

二〇一六年　一月七日

幸福《こうふく》の科学《かがく》グループ創始者兼総裁《そうししゃけんそうさい》
幸福実現党総裁《こうふくじつげんとうそうさい》　大川隆法《おおかわりゅうほう》

『北朝鮮・金正恩はなぜ「水爆実験」をしたのか』大川隆法著作関連書籍

『正義の法』（幸福の科学出版刊）
『ユートピア創造論』（同右）
『北朝鮮の未来透視に挑戦する』（同右）
『プーチン大統領の新・守護霊メッセージ』（同右）
『守護霊インタビュー 金正恩の本心直撃！』（幸福実現党刊）
『北朝鮮――終わりの始まり――』（同右）
『温家宝守護霊が語る 大中華帝国の野望』（同右）
『ロシア・プーチン新大統領と帝国の未来』（同右）

北朝鮮《きたちょうせん》・金正恩《キムジョンウン》はなぜ「水爆実験《すいばくじっけん》」をしたのか

──緊急守護霊インタビュー──

2016年1月8日　初版第1刷
2016年2月7日　第2刷

著　者　大《おお》川《かわ》隆《りゅう》法《ほう》

発行所　幸福の科学出版株式会社
〒107-0052 東京都港区赤坂2丁目10番14号
TEL(03)5573-7700
http://www.irhpress.co.jp/

印刷・製本　株式会社 研文社

落丁・乱丁本はおとりかえいたします

ISBN978-4-86395-754-1 C0030
写真：AP/アフロ

大川隆法 霊言シリーズ・北朝鮮の野望を見抜く

守護霊インタビュー 金正恩《キムジョンウン》の本心直撃！

ミサイルの発射の時期から、日米中韓への軍事戦略、中国人民解放軍との関係——。北朝鮮指導者の狙いがついに明らかになる。
【幸福実現党刊】

1,400円

北朝鮮の未来透視に挑戦する

エドガー・ケイシー リーディング

「第２次朝鮮戦争」勃発か⁉ 核保有国となった北朝鮮と、その挑発に乗った韓国が激突。地獄に堕ちた"建国の父"金日成の霊言も同時収録。

1,400円

北朝鮮 —終わりの始まり—

霊的真実の衝撃

「公開霊言」で明らかになった北朝鮮の真実。金正日が自らの死亡前後の状態を、後継者・金正恩の守護霊が今後の野望を語る。【幸福実現党刊】

1,300円

温家宝守護霊が語る 大中華帝国の野望

同時収録 金正恩守護霊インタヴュー

核実験の思惑、深刻な食料問題、拉致問題の真相、朝鮮半島統一の野望——。北朝鮮の三代目・金正恩の心の内を明らかにする。【幸福実現党刊】

1,500円

※表示価格は本体価格（税別）です。

大川隆法霊言シリーズ・世界の政治指導者の本心

オバマ大統領の新・守護霊メッセージ

日中韓問題、TPP交渉、ウクライナ問題、安倍首相への要望……。来日直前のオバマ大統領の本音に迫った、緊急守護霊インタビュー!

1,400円

プーチン大統領の新・守護霊メッセージ

独裁者か? 新時代のリーダーか? ウクライナ問題の真相、アメリカの矛盾と限界、日ロ関係の未来など、プーチン大統領の驚くべき本心が語られる。

1,400円

イラン大統領 vs.イスラエル首相

中東の核戦争は回避できるのか

世界が注視するイランとイスラエルの対立。それぞれのトップの守護霊が、緊迫する中東問題の核心を赤裸々に語る。【幸福実現党刊】

1,400円

※表示価格は本体価格(税別)です。

幸福の科学グループのご案内

宗教、教育、政治、出版などの活動を通じて、
地球的ユートピアの実現を目指しています。

幸福の科学

一九八六年に立宗。信仰の対象は、地球系霊団の最高大霊、主エル・カンターレ。世界百カ国以上の国々に信者を持ち、全人類救済という尊い使命のもと、信者は、「愛」と「悟り」と「ユートピア建設」の教えの実践、伝道に励んでいます。

（二〇一六年一月現在）

愛

幸福の科学の「愛」とは、与える愛です。これは、仏教の慈悲《じひ》や布施《ふせ》の精神と同じことです。信者は、仏法真理をお伝えすることを通して、多くの方に幸福な人生を送っていただくための活動に励んでいます。

悟り

「悟り」とは、自らが仏の子であることを知るということです。教学《きょうがく》や精神統一によって心を磨き、智慧《ちえ》を得て悩みを解決すると共に、天使・菩薩《ぼさつ》の境地を目指し、より多くの人を救える力を身につけていきます。

ユートピア建設

私たち人間は、地上に理想世界を建設するという尊い使命を持って生まれてきています。社会の悪を押しとどめ、善を推し進めるために、信者はさまざまな活動に積極的に参加しています。

海外支援・災害支援

国内外の世界で貧困や災害、心の病で苦しんでいる人々に対しては、現地メンバーや支援団体と連携して、物心両面にわたり、あらゆる手段で手を差し伸べています。

自殺を減らそうキャンペーン

年間約３万人の自殺者を減らすため、全国各地で街頭キャンペーンを展開しています。

公式サイト **www.withyou-hs.net**

ヘレンの会

ヘレン・ケラーを理想として活動する、ハンディキャップを持つ方とボランティアの会です。視聴覚障害者、肢体不自由な方々に仏法真理を学んでいただくための、さまざまなサポートをしています。

公式サイト **www.helen-hs.net**

INFORMATION

お近くの精舎・支部・拠点など、お問い合わせは、こちらまで！

幸福の科学サービスセンター

TEL. 03-5793-1727（受付時間 火～金:10～20時／土・日・祝日:10～18時）

幸福の科学 公式サイト happy-science.jp

学部のご案内

人間幸福学部

人間学を学び、新時代を切り拓くリーダーとなる

人間の本質と真実の幸福について深く探究し、
高い語学力や国際教養を身につけ、人類の幸福に貢献する
新時代のリーダーを目指します。

経営成功学部

企業や国家の繁栄を実現する、起業家精神あふれる人材となる

企業と社会を繁栄に導くビジネスリーダー・真理経営者や、
国家と世界の発展に貢献する
起業家精神あふれる人材を輩出します。

未来産業学部

新文明の源流を創造するチャレンジャーとなる

未来産業の基礎となる理系科目を幅広く修得し、
新たな産業を起こす創造力と起業家精神を磨き、
未来文明の源流を開拓します。

未来創造学部

2016年4月
開設予定

時代を変え、未来を創る主役となる

政治家やジャーナリスト、ライター、俳優・タレントなどのスター、
映画監督・脚本家などのクリエーターを目指し、国家や世界の発展、
幸福化に貢献できるマクロ的影響力を持った徳ある人材を育てます。

キャンパスは東京がメインとなり、2年制の短期特進課程も新設します
（4年制の1年次は千葉です）。2017年3月までは、赤坂「ユートピア
活動推進館」、2017年4月より東京都江東区（東西線東陽町駅近く）
の新校舎「HSU未来創造・東京キャンパス」がキャンパスとなります。

教育

学校法人 幸福の科学学園

学校法人 幸福の科学学園は、幸福の科学の教育理念のもとにつくられた教育機関です。人間にとって最も大切な宗教教育の導入を通じて精神性を高めながら、ユートピア建設に貢献する人材輩出を目指しています。

幸福の科学学園

中学校・高等学校（那須本校）
2010年4月開校・栃木県那須郡（男女共学・全寮制）
TEL 0287-75-7777
公式サイト happy-science.ac.jp

関西中学校・高等学校（関西校）
2013年4月開校・滋賀県大津市（男女共学・寮及び通学）
TEL 077-573-7774
公式サイト kansai.happy-science.ac.jp

ハッピー・サイエンス・ユニバーシティ（HSU）
TEL 0475-32-7770

仏法真理塾「サクセスNo.1」 TEL 03-5750-0747（東京本校）
小・中・高校生が、信仰教育を基礎にしながら、「勉強も『心の修行』」と考えて学んでいます。

不登校児支援スクール「ネバー・マインド」 TEL 03-5750-1741
心の面からのアプローチを重視して、不登校の子供たちを支援しています。
また、障害児支援の**「ユー・アー・エンゼル！」運動**も行っています。

エンゼルプランV TEL 03-5750-0757
幼少時からの心の教育を大切にして、信仰をベースにした幼児教育を行っています。

シニア・プラン21 TEL 03-6384-0778
希望に満ちた生涯現役人生のために、年齢を問わず、多くの方が学んでいます。

NPO 活動支援

学校からのいじめ追放を目指し、さまざまな社会提言をしています。また、各地でのシンポジウムや学校への啓発ポスター掲示等に取り組む一般財団法人「いじめから子供を守ろうネットワーク」を支援しています。

公式サイト mamoro.org
相談窓口 TEL.03-5719-2170
ブログ blog.mamoro.org

政治

幸福実現党

内《ない》憂《ゆう》外《がい》患《かん》の国難に立ち向かうべく、二〇〇九年五月に幸福実現党を立党しました。創立者である大川隆法党総裁の精神的指導のもと、宗教だけでは解決できない問題に取り組み、幸福を具体化するための力になっています。

党員の機関紙
「幸福実現NEWS」

TEL 03-6441-0754
公式サイト hr-party.jp

出版メディア事業

幸福の科学出版

大川隆法総裁の仏法真理の書を中心に、ビジネス、自己啓発、小説など、さまざまなジャンルの書籍・雑誌を出版しています。他にも、映画事業、文学・学術発展のための振興事業、テレビ・ラジオ番組の提供など、幸福の科学文化を広げる事業を行っています。

アー・ユー・ハッピー?
are-you-happy.com

ザ・リバティ
the-liberty.com

幸福の科学出版
TEL 03-5573-7700
公式サイト irhpress.co.jp

THE FACT

ザ・ファクト
マスコミが報道しない
「事実」を世界に伝える
ネット・オピニオン番組

Youtubeにて
随時好評配信中!

ザ・ファクト　検索

入会のご案内

あなたも、幸福の科学に集い、ほんとうの幸福を見つけてみませんか？

幸福の科学では、大川隆法総裁が説く仏法真理をもとに、
「どうすれば幸福になれるのか、また、
他の人を幸福にできるのか」を学び、実践しています。

入会

大川隆法総裁の教えを信じ、学ぼうとする方なら、どなたでも入会できます。入会された方には、『入会版「正心法語」』が授与されます。（入会の奉納は1,000円目安です）

ネットでも**入会**
できます。詳しくは、
下記URLへ。
happy-science.jp/joinus

三帰《さんき》誓願《せいがん》

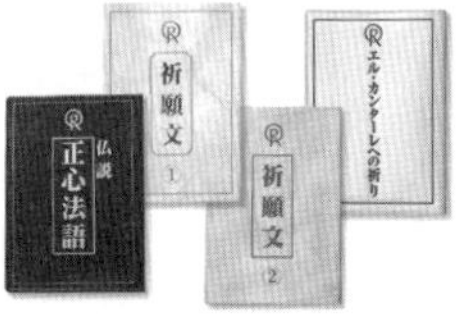

仏弟子としてさらに信仰を深めたい方は、仏・法・僧の三宝への帰依を誓う「三帰誓願式」を受けることができます。三帰誓願者には、『仏説・正心法語』『祈願文①』『祈願文②』『エル・カンターレへの祈り』が授与されます。

植福《しょくふく》の会

植福は、ユートピア建設のために、自分の富を差し出す尊い布施の行為です。布施の機会として、毎月1口1,000円からお申込みいただける、「植福の会」がございます。

ご希望の方には、幸福の科学の小冊子（毎月1回）をお送りいたします。詳しくは、下記の電話番号までお問い合わせください。

月刊「幸福の科学」

ザ・伝道

ヤング・ブッダ

ヘルメス・エンゼルズ

INFORMATION	幸福の科学サービスセンター TEL. 03-5793-1727（受付時間 火～金：10～20時／土・日・祝日：10～18時） 幸福の科学 公式サイト happy-science.jp